爱情博弈

AIQING BOYI

爱情是不按逻辑发展的，所以必须时时注意它的变化。
爱情更不是永恒的，所以必须不断地追求。

爱情确实有一种高尚的品质，
因为它显出本身丰富的高尚优秀的心灵，
要求以生动活泼，
勇敢和牺牲的精神和另一个人达到统一。

浩晨·天宇◎编著

中国言实出版社

图书在版 编目(CIP)数据

爱情博弈 / 浩晨·天宇编著. -- 北京 ： 中国言实
出版社，2017.1
ISBN 978-7-5171-2205-0

Ⅰ．①爱… Ⅱ．①浩… Ⅲ．①恋爱－通俗读物 Ⅳ.
①C913.1-49

中国版本图书馆CIP数据核字(2017)第008895号

责任编辑：胡　明
封面设计：浩　天

出版发行　中国言实出版社
　　地　　址：北京市朝阳区北苑路180号加利大厦5号楼105室
　　邮　　编：100101
　　编辑部：北京市海淀区北太平庄路甲1号
　　邮　　编：100088
　　电　　话：64924853（总编室）64924716（发行部）
　　网　　址：www.zgyscbs.cn
　　E-mail：yanshicbs@126.com
经　　销　新华书店
印　　刷　三河市天润建兴印务有限公司
版　　次　2017年1月第1版　　2017年1月第1次印刷
规　　格　787毫米×1092毫米　1/16　印张15
字　　数　200千字
定　　价　39.80元　　　　ISBN 978-7-5171-2205-0

前　言

　　每个女人都向往美好的爱情，都希望寻找到自己在少女时代梦想得到的白马王子。但有关研究女性的心理学的专家，通过大量的对女性心理测试，得出了这样的一个结论：对于一个女人而，在她的一生中，她应该遇到三个男人。但最终你选择走进婚姻殿堂的只有一个，而这一个的选择就在于你和他的交往过程中产生了一种距离美。换言之就是，如果恋人之间没有找到合适的相处方式，没有保持一定距离，则往往会想到逃避；而当离开后没有了纷争又开始想念，继而又聚在了一起。所以说，"亲密有间，疏而不远"的处事方式就显得尤其为重要了。

　　那么，从心理学的角度来看，一个女性生命中的三个男人是什么类型的人呢？心理学家已经为我们指出：一类是远远的瞻仰你的人；一类是爱你的人；还有一类是你爱的人。基于此，我们来看心理学家是如何为我们分析的。

　　1. 远远的瞻仰你的人

　　想一想你本来一直觉得每天都是那么的平淡如水，但却有一个将关于你的点点滴滴默默收藏，悄悄酝酿，一直等到那平淡的水变成了酒，而多年后的你才无意间揭开瓶盖闻到那浓郁那芬芳。女人的一生中，若没有尝过这种被人默默暗恋的滋味，那该是多么遗憾。

2. 爱你的人

当你以爱情的名义俘虏了他，于是他变成了你的勇敢的卫士和忠诚的仆人，于是他在黑夜里送你回家，在大热天跑去为你买冰激凌，在舞会上他虎视眈眈害怕连当仆人也有人来争，害怕失去这个卑微的职业。他的微笑对你最重要，你的叹息能让他心如刀割。你的眼神就是他的指南针，而你的心灵就是他要探索的宝藏。如果一生中你没有这样的称王称霸的时刻，该是多么乏味。

3. 你爱的人

你在第一个人面前，是神。在第二个人面前，是女王。而在第三个人面前，你是卑微的女仆。刚开始你反抗，你挣扎，你不愿被征服被俘虏被收复，你也决不愿乖乖的就此投降称臣。可是，渐渐地就像那小王子驯服骄傲的狐狸一样，你被驯服了。你心甘情愿地被他占领你的心田，你死心塌地的以他为王。在你的一生中，不管你多么漂亮，多么才情，多么高贵，如果你的心没被别人以爱情的名义侵占俘虏过，那你的人生该是多么残缺。

而作为女人，你将选择与谁来共渡人生呢？那取决于不同的女人、不同的心智及其不同的性格了。但更重要的是你要运用心理学中的一些法则，就像"刺猬法则"一样，合适的距离才能让彼此幸福。

　　张爱玲曾说："不管你的条件有多差，总会有个人在爱你；不管你的条件有多好，也总有个人不爱你"，在对的时间遇到对的人，这是一种缘分，而这种缘分恰恰需要耐心等待，需要经历种种挫败才能遇见，在你的世界中总会有个人比想象中更爱你。

　　正因如此，人们才会说，爱情是人类感情中最美妙的一种体验，决定了每个人戏剧般的人生，是成长经历中最基本的和最精彩的情节。当一个人在选择自己的另一半时，要么是选择自己爱的人，要么是接受一个爱自己的人，然后试着让对方爱自己，或者试着让自己去爱对方，这就是最普遍的恋爱。两个人都一见钟情的爱情很少见，因此，恋爱更多是一个人去试着爱另一个人的过程。

目 录

第一章 遇见爱情

第二章　给爱情一点空间

第三章 走出爱情的障碍

第四章 爱情不需要理由

第五章　大胆说出你的爱

第六章　爱情离你并不远

第一章

遇见爱情

拉开爱情的序幕

爱情让女人感到幸福，也让女人感到惶恐。聪明的女人懂得男人需要什么，懂得如何去爱自己的男人，懂得怎样留住男人的心。在爱情的追逐中，最好的理由就是你爱对方，如果说一个持着爱以外的东西去追一个人，那是对爱情的一种污蔑。罗素说："惧怕爱情就是惧怕生活，而惧怕生活的人就等于半具僵尸。"因此，在感情生活中，无论是女方还是男方，能够捕获一方的心是有着技巧的，而这个技巧就是求爱成功的重要条件。而求爱的技巧是基于人的心理弱点及人的情感自身的不可把握性。

按照人们传统的心理习惯，认为男追女是天经地义的事，因为女性是必须保持高贵傲慢才能吸引男性的爱慕，而男性亦喜欢一显他们的男子气概和满足他们的征服感，美丽女孩认为无论在任何情况下，自己只能成为男性追求的对象。但是现实并非如此，女性寻求解放已经多年，为什么偏偏在对于女性生活相当重要的爱情方面，前进的脚步如此缓慢。其实男人对于主动出击的女人相当的有趣。为此，一位爱情心理专家指出："在现代生活中，人们的行为越来越趋向直接的亲昵动作，而且男女的个性差异在一部分开放的女孩中正在消失。"

在心理学上有一个名词叫做"契可尼效应"。西方心理学家契可尼做了许多有趣的实验，发现一般人对已完成了的、已有结果的事情极易忘怀，而对中断了的、未完成的、未达目标的事情却总是记忆犹新。这种现象被称为"契可尼效应"。

这种心理现象可以举出许多例子。例如，你在数学考试中要答100题，其中99题都完成得很好，就是剩下的那一道题把你难住了，未得出答案。下课铃响了，你交卷后走出考场，与同学们对答案，那99题都是正确的结果，而那未完成的一题，同学告诉了你答案。从此以后，那未完成的一题被你深刻而长久地记住了，而那99题却被你抛到九霄云外。

"契可尼效应"经常会与初恋联系在一起。初恋是爱情交响曲中的第一乐章。从一个告别了天真无邪的童年时代，便进入了青春期。青春期的显著特征就是性意识的萌动以及对异性产生神秘、向往和爱慕的心理。在这个时间段的少男少女之间的朦胧爱意，比较单纯、简单，在以后的生命历程中几乎不可能再遇到。

因为单纯，因为美好，我们在一开始的时候总希望能与对方天长地久、耳鬓厮磨，这也是大多数人初恋的心态。但是初恋，毕竟是恋爱的起步，有试验的性质、往往消失得很快，且没有来由。尽管如此，初恋的感觉仍旧令人回味无穷甚至刻骨铭心。因为初恋的对象留给自己的印象是非常深刻的。这一最先的印象会直接影响到我们以后的一系列恋爱行为。

总之，由于我们把初恋看成是一种"未能完成的""不成功的"事件，它的未完成反而更使人难以忘怀，同样，在未获成果的初恋中，我们和初恋情人一起度过的美好时光，大多会深深地印入我们的脑海，使我们一生都难以忘却。简单地说，初恋之所以令人念念不忘，正是源于它的未完成性。

恋爱在刚开始时最是充溢着紧张感，这也就是在告白之前的状态。当你自己十分倾慕对方，却觉得他似乎对自己有点意思又似乎有些冷漠……

于是，怀着些许不安和强烈的期待，你一边漫不经心地说着某些意味深长的话，一边避重就轻地和他谈话。当你几乎快要神经紧张，只是为了委婉地试探他的性格和现在的心情的时候，那个场面绝不亚于生死搏斗。陷入恋爱中的人总会敏锐地捕捉对方的视线和一点点小动作，试图从中发现什么东西。

卡斯特罗有句真知灼见的话，他说：女人永远不要让男人知道她爱他，他会因此而自大。所以在我们的恋爱过程中，我们一定要做到永远不说"我多么爱你"。然而，在现实生活中，谈情说爱时，恋人间会脱口而出"我爱你"，一点也没啥难为情的，只怕说不够。可是婚后久了，这句表达情爱的话由于长期不用，便觉得不好意思说出口了，认为"爱"呀什么的只是少男少女的事。其实，夫妻之间的感情也需要表白出来，这一点对女性来说尤其重要。妻子常常向丈夫发问："你还爱我吗？"就是想让丈夫亲口说"我爱你"，从而证实丈夫对自己的爱。

有时一封信、一束鲜花、一个电话、一个小礼物，都能表现你对爱人的深情。如果你经常出差在外，那么别忘了打个电话，写封信，捎回小纪念品。这些貌似平凡的小事，将使你的爱人能直观地感受到你对他的爱。

女人的美丽是慢慢绽放的，而爱恰恰是美丽的催化剂。爱并非女人生命的全部，但爱却已经成为她执着的追求，教会她用一种更积极的心态经营着生活。在与凡俗的物质为伴的婚姻长跑中，女人要用心经营才能保鲜爱情。

女人可以专一，可以深情，可以执着，但要珍惜你的付出，不是付出越多越好，要有自己的原则底线。你要活出你自己的精彩。不要把男人当成你的天。付出多了失去自己反而让男人轻视你。自尊自爱，自立自强，自我完善，有张有弛，才能让自己的天空不下雨，就是下雨了，也还有一把你的小伞握在你手里。

爱情代表着女人生活的质量。对女人而言，它具有至高无上的位置。自然，关于爱情保鲜的内容就成为女人一生最重要的功课。要想做好这门功课，就需好好把握自己对爱的感觉，心随爱动。

爱的感觉，总是在一开始时觉得很甜蜜，总觉得多了一个人陪你，多了一个人帮你分担，你终于不再孤单了。但是慢慢地，随着彼此认识的加深，你开始发现了对方的缺点，于是问题一个接着一个发生，你开始烦、累，甚至想要逃避。有人说爱情就像在捡石头，人们总想捡到一个适合自己的，但是你又如何知道怎样才能够捡到呢？

令人羡慕的美满情侣从来不需要祈求上帝保佑他们的爱情，只要培养良好的爱情习惯，女人就可以轻轻松松塑造自己完美的爱情。

不要错过了你的爱情

许多女人常常感叹，爱情是多么脆弱，但聪明女人知道感叹是毫无用处的。感情是需要细心呵护的，而不能急于求成，一下子把你的火势全都倾注于对方，连一个循序渐进的过程都没有，那无异于春天里突如其来升起一轮火热的太阳，让人感到目眩和窒息。

聪明女人从不会把全部心思都放在一个男人身上，一味地去做爱的表白，她们会不紧不慢地谈些与他无关的事情。当你对自己身边的事物表现出极大的热情时，他心中的火就会被点燃，这下就该轮到他痴痴地等电话、赴约会、没完没了地表达爱意了。这样，你们之间的感情反而会愈加坚固。

有时候我们会听到这样一句话："爱一个人是不需要理由的，喜欢就是喜欢。"难道真的是这样吗？其实未必，喜欢一个人一定是有原因的，心理学家研究指出，喜欢一个人的理由不仅多，而且复杂，这里有五项简单的，快来和自己对照一下吧！

1. 生活中，大家都喜欢漂亮或帅的异性。心理学的很多实验也证明，魅力指数高的人更容易获得异性的青睐。不过，并不是所有魅力指数高的人都会成为自己的恋爱对象。在大多数情况下，人们都愿意找与

自己相貌相当的人谈恋爱。虽然大家都向往与漂亮或帅的异性谈恋爱，但是如果对方的外貌太出众的话，我们自己首先就会打退堂鼓，认为自己配不上他或她，而且还会想：如果我开口的话，肯定会遭到拒绝。于是，人在大多数情况下都会找与自己条件差不多的异性谈恋爱。心理学将这种心理称为"匹配假说"。

2. 生活中我们会发现，两个人的性格、喜好很接近的话，如果是同性，他们会是很好的朋友；如果是异性，则他们成为情侣的机会就很大。这是为什么呢？当人的价值观、金钱观、喜好等方面相似的时候，就容易相互产生好感。这是使人们陷入爱情的"相似性原因"。如果两人相似性比较多，在谈话中能够找到共同的话题，两的认知会达到一种平衡的状态，这种状态能保持下去，互相之间也会产生好感。

3. 很多相处了好久的情侣最后分手的原因是："我们不合适，你根本就不了解我。"反过来，也就是说，了解对方的心情和需求，对两个恋爱关系的增进是非常关键的。

4. 有时候我们谈恋爱还与自己的心理状态有关，例如，当一个各方面都很优秀，又和自己相匹配的异性出现时，我们的心里却不想谈恋爱，这样就会无果而终；当我们心情兴奋或者很差，很像找个人和自己说说知心话，即使出现的异性不是那么出众，也许我们还是会谈恋爱的。

5. 有时候我们谈恋爱不是因为自己想去谈，而是看到身边好多朋友都在谈恋爱，在这样的环境中，自己也想找个人谈恋爱。这也是同调行为的一种体现。当我们周围朋友中谈恋爱的人数越来越多时，人的同调行为会逐渐转变成一种强迫观念，认为自己到了不谈不行的地步了，结果，降低了自己对恋爱对象的理想或标准，于是很容易就恋爱了。

从上述分析可以看出，只有建立在了解基础上的爱情才是深刻而持久的。在不断认识对方的过程中也认识了自己，那种快乐肯定不如初恋那么激烈，但一定更深厚、更巨大。如果不能了解，就会产生可怕的嫉妒心理，这样的话，不仅害了自己，也害了别人。

爱情是双方相互理解、相互欣赏、相互交融的过程。爱情达到这样一个程度，就需要婚姻这个形式。婚姻家庭既是物质的承载，也是心灵的港湾。它给你提供了一种慰藉，不管经历了什么，你不要任何理由，就可以回到这个港湾。

恋爱，往往是婚姻的准备过程。因为两个人开始可能相互都不是很了解，要想走进婚姻的殿堂，两个人必须要有一定的情感基础才行。因此，恋爱就是结婚的一个准备阶段，它可以让两个人从素不相识到如胶似漆。

如果说，爱是一种成长、一和学习，婚姻就是一种验收、一种考试，测验你在爱情里的学习成果。爱情最终的功课是责任，但责任绝对不是形式，而是一种实践。责任的范围，就是对方的全部。或许责任是沉重的，但它是可以收获的果实，因为你花费了时间精力，因为是两个人共同打造的，这甜美的果实和品尝时的喜悦，将会是世上最甜蜜的。

婚姻是需要双方来经营的，彼此信任与坦诚，深入地沟通才能持久，而不是猜疑、唠叨，互相治气，这样只能断送美满的婚姻前程。

法国拿破仑三世，就是拿破仑的侄子，爱上了全世界最漂亮的女

人特巴女伯爵玛利亚·尤琴，并且和她结婚。他的顾问指出，她的父亲只是西班牙一位地位并不显赫的伯爵，但拿破仑三世反驳说："那又怎样？"她的高雅、妩媚、年轻、貌美使他内心充满了幸福、快乐。在一篇皇家广告中，他强烈地表示他要不顾全国的意见，"我已经选上了这个我挚爱的女人。"他宣称说，"我从来不曾遇见这像她这样的女人。"

拿破仑三世和他的婚姻拥有财富、健康、权力、名声、美丽、爱情、尊敬——一切都符合一个十全十美的罗曼史。此前婚姻的圣火从未燃烧得那么热烈。

但这圣火很快就变得摇曳不定，热度也冷却了，只留下了余烬。拿破仑三世能够使尤琴成为一位皇后，但无论是他爱的力量也好，他帝王的权力也好，都无法使这位法兰西妇人中止挑剔和唠叨。

因为她中了忌妒的蛊惑，疑心的她竟然藐视他的命令，以至不给他一点私人的时间。当他处理国家大事的时候，她竟然冲入他的办公室；当他讨论最重要的事情时，她却干扰不休。她不让他独自一个人待着，总是担心他会跟其他的女人亲热。她经常跑到她姐姐那里数落她丈夫的不好，又说又哭，又唠叨又威胁。她会不顾一切地冲进他的书房，不住地大场辱骂他。拿破仑三世即使身为法国皇帝，拥有十几处华丽的皇宫，却找不到一处不受干扰的地方。

尤琴这么做，可以得到些什么呢？答案如下，我们用莱哈特的世著《拿破仑三世与尤琴：一个帝国的悲喜剧》里的话来加以说明："于是拿破仑三世经常在夜间从一处小侧门溜出去，用头上的软帽盖着眼睛，

10

在他的一位亲信的陪同之下，去找一位等待着他的漂亮女人，再不然就出去欣赏巴黎这个古城，在神仙故事中皇帝不常到的街道上溜达溜达，呼吸着原本应该拥有的自由的空气。"

这就是尤琴唠叨所获得的后果。不错，她是坐在法国皇后的宝座上；不错，她是世界上最漂亮的女人，但在唠叨的毒害之下，她的尊贵和美丽并不能保持住爱情。尤琴提高她的声音，哭叫着说："我最怕的事情，终于降临在我的身上。"降临在她的身上？其实是她自找的。她的忌妒和唠叨使她一败涂地。

在地狱中，魔鬼为了破坏爱情而发明的肯定会成功且恶毒的办法中，唠叨就是最厉害的了。它总是不会失败，就像眼镜蛇咬人一样，总是具有破坏性，总是致人于死地。

医学研究表明：最容易造成男人心理疲惫的，往往不是工作和人际关系的压力，而是女人过高的期望值。这种期望常常给男人带来巨大的心理压力，有的男人因无法承受这种压力，或弃家而去，或消极抵抗，或由此产生心理障碍而一蹶不振。为此，一位心理学家指出："在爱情的过程中，当两个人互相想突破心理障碍的时候，性格内向的人总是希望对方先表白，习惯于被动地进入爱情，误以为'缘分'会对我们终身负责。而事实上，缘分多半只负责让你们相遇，至于后续就要看你如何把握了。很多时候，是成是败，是白头偕老还是失之交臂，主动权也可以神不知鬼不觉地掌握在你手上。"

爱情需要互补

大部分人都会认为性格、志趣相同的人应该更容易相处，但在现实生活中、性格、志趣不同的人结为密友或夫妻感情往往更好，这就是"互补定律"的作用。互补型恋人往往更容易欣赏对方，因为自己欠缺的，对方就会作为一个很好的补充。全是急性子的人在一起，就容易发生争吵、纠纷，全是沉默寡言的人在一起，生活就显得沉闷。这和物理学上的"同性相斥"现象极为相似。恋人之间，个性互补，才有利于把爱情长久地维持下去。为此，心理学家指出："一个有智慧的女人，应该知道打破旧有观念需要代价，而自己未必有能力承受。智慧女人是想办法让对方开口，给一个人三次机会：约他吃一次饭，看一场电影，参加一次朋友聚会。如果他依然没有任何反应，那么一定要放弃。"

这位心理心学家说得非常的好，我们的经历告诉我们，我们在追求爱情的岁月里，终于发现，爱情不是两个人或者三个人的事，而是一个人的事。爱情，是自身的圆满。当你了解了爱情，你也就了解了人生。

我们知道，在我们的一生中，我们要作出很多的决定，这些决定有的甚至会影响到我们日后的生活质量，如读书、择业、住在哪里等等，婚姻也是如此。有些错误是可以弥补的，有些就要忍受一生。在观念开放、强调两性平等的今天，男女交往、谈恋爱，也许比前辈来得自由、有经验，婚姻的自主权也更多，但两性的问题却并没有因此减少了，反而逐年增加。很多人没有经过好好地考虑和选择——常常为了讨好父母，完成责任，终其一生碌碌无为。

每个真诚恋爱的人都期待着能从恋爱步入婚姻，然而，从恋爱到婚姻却往往并不是一个简单的过程，因为婚姻的内容远比二人世界的恋爱要复杂得多。客观地说，单单一份美好真实的恋情，还不足以支撑起一份美好的婚姻，它不仅仅是完成了走向完美婚姻的感情方面的准备。这就是为什么刻骨铭心的爱情并不一定就能结出美满婚姻的果实，而很多平凡普通的婚恋，却能相濡以沫，厮守终生。因为成功地从恋爱到踏上婚姻的红地毯依然有着遥远漫长的距离，同时也受到其他必要条件的限制。

感情准备就是为婚姻打下牢固的爱情基础。这是婚姻幸福的保证。爱情是男女之间相互倾慕、渴望结合的一种强烈感情。爱情的产生大多是从外部吸引开始的。但是，如果仅仅把爱情停留在这个层次上，那么，这种爱情将是十分脆弱的。相爱的男女双方应在外部吸引的基础上，追求更深层次的内容，使爱情一步得到深化。

很多人认为自己是自由恋爱自由结婚的，获得幸福婚姻自然是水到渠成的事。其实不然，"婚姻自由"并不等于"婚姻幸福"。不具备一定的知识和能力的人，是很难真正理解并运用好婚姻自由权的。如果说，婚姻从不自由到自由是借助于社会进步而实现的，那么，从自由婚姻到幸福婚姻却多半要靠当事人的根据自己的智慧，通过不懈的努力去

创造一种优化的"小环境"而获得。在婚姻中有很多未知的领域需要探索和研究，婚姻的社会性更是必须学习才能掌握的。

很多人对爱情缺少主动，他们会因为结婚而去恋爱，或者只因为生子而结婚，其间少了些爱情的幽香。在正常情况下，两个人是先有爱情，然后才会有婚姻，婚姻是爱情的一个永久的契约。但现实中很多"爱情"的起因是婚姻，人到了一定年纪以后，他们与异性交往的目的不是为爱情，而是为婚姻，还有更糟糕的是为了性。更多人的婚姻，往往就是一个待娶和一个待嫁的两个人的简单结合，他们很少有真正的爱情可言。他们最乐观的就是在结婚的基础上恋爱，或者说因为结了婚，两个人不得不"相爱"，这种婚姻往往是脆弱的。因此，男人应该利用天生的雄性优势，向自己的真爱主动出击。

因此，想要结婚的男女除了在婚前要加深了解外，还要通过对彼此间的婚姻观，家庭观以及个性成熟程度进行冷静的审视，了解对方对待婚姻今后的家庭生活的基本观点，正确认识相互之间存在的差异，了解对方在性格、气质、爱好、习惯及作风等方面表现出的与己不同之处，以便婚后客观地、正确地处理好相互之间的关系，自觉地做"整合"工作。

恋爱是婚姻的前奏曲。当你在观察对方的时候，不要只顾注意他的优点，也要尽量搜寻他的缺点，你可以故意找些问题来试探他，比如他约你去看电影，有时你可以拒绝；他要请你吃饭，你说这时候已另外有约，不能前往，看他有什么反应。尤其是当你巧妙运用你的"恋爱口才"一次次拨开恋人的阴云时，婚姻殿堂的大门也就离你不远了，我真诚地希望你们也能把这些方法应用到你的婚姻生活中，愿你的生活美满幸福。

不要在爱情中迷失自己

尽管爱情是我们生活的重要内容，但绝非唯一内容。爱情犹如橡皮筋，不能总是绷紧了不放松。爱得时间长了，也要让爱情歇一歇，适当地给予对方空间和自由，这样才能让爱情之花永远娇艳。

在生活中，你可以保留一份感情空间，用来爱自己。你心中的某些隐秘可以不对家中成员说，你有封闭这部分感情的权利。你的行动也是有一定空间的，业余时间不单单同恋人、家人在一起，还要到各种社交场合、社会活动场所。

当然，两个相爱的人彼此给对方保留一份自我空间也是非常必要的。在日常工作生活中，常常会出现这种情况：妻子总希望让自己的丈夫待在自己的身边，而丈夫并不愿意。虽然妻子给了丈夫可口的饭菜，给了丈夫许多温存和关爱，丈夫仍感觉不到十分欢愉。相反，他们会感到空虚、无聊，妻子"粘"得越紧，丈夫的这种感觉就越浓。

心理学家指出，无论是爱情和婚姻的弹性都要保持，但一定要适度，既要放得出去，又要能够及时收拢回来，就像弹簧围绕中心上上下下，不脱离一样。要以家庭为中心，以感情为圆点，始终不让婚姻之舟偏离航向。

人类的性格，很大程度上是由后天的经历所造就的。夫妻间的搭配，开始并不完全和谐。但两人一旦结合之后，就像一部转动的机器，双方的性格就像两个齿轮，一个前伸，一个后屈，才能运转自如。否则，机器就会发生故障，我们就有必要调整齿轮间距。当调整到合适的位置，夫妻关系也就达到最佳点。为了寻求协调，这个最佳点不是一次可以调整好的，有时需要几次，甚至几十次，才能完成夫妻间的真正协调。

从心理学上分析，丈夫对妻子的让步，或妻子对丈夫的容忍，会给对方的心理上起一种缓解作用。一旦发怒的一方冷静下来，他（或她）在心理上有一种负罪感，经过小小的插曲，会酝酿出一次新的甜蜜的回味。发怒的一方会向对方表示歉意，双方的间隙就会消失。

弹性关系会导致夫妻的默契。人们常说："知夫莫如妻"。反过来说："知妻莫如夫"，双方的了解到了水乳一体的境界，那么就不存在谁对谁发脾气的现象，因为弹性关系可以使妻子了解丈夫发怒的原因，她在丈夫发怒之前就有效地给予了控制，和谐美满的家庭也就在这基础上真正诞生了。

说到底，弹性关系也是一个人完善自己性格的一个有效方法。在人类社会中，家庭关系、社会问题、现实矛盾，往往需要人类用忍耐的态度去给予克服。如果做人弹性不足，精神上没有承受能力，就会被烦恼所包围。而人类要进取，要有所作为，很大程度上要陶冶自己的情操，适应环境并且做到克制随心所欲。在夫妻关系上如此，在其他人际关系上也是如此。

　　弹性性格，是人类追求文明的一种修养和美德。它将对未来的婚姻生活起着不何低估的重要作用，并减少人类生活中的动荡因素与不安全感。

　　所以说，在爱情面前，无论是自己已经在心里做了决定，却让别人先说了，还是确实没预料到爱情的突变，事情已经到了这一点，走得漂亮一点，那么你不能挽回一个男人的心，却可以挽回自己的尊严。

　　对于女性来说，在男人面前耍点"小性子"可以说是她们的天性，她们常为男友的言行不符合自己的心意而耍性赌气，挤眼抹泪，使原本和谐、热烈的恋爱场景顿时出现僵局。在这种情况下，男人就要学会容忍，学会理解，学会宽容，只有这样，你才能在她面前作出一番坦率真诚的表白，使你深爱的人意识到你的诚心可鉴、真意可察，从而使你们的爱情得到进一步的成长。

　　当然，女性也要认识到，男人也有血有肉，遭受失败的时候是他最脆弱的时候，这时候你要放弃自己的任性，像母亲一样不厌其烦地鼓励他、激发他的斗志，千万不要视若无睹，袖手旁观，更不要冷嘲热讽。许多美满的感情是在男人遭受失败的时候缔结下来的，而许多破裂的感情也开始于男人遭受失败之时。

　　两个人共同生活在一起，难免会产生摩擦，特别是在遇到困难的时候，男人会脾气暴躁，怒火一触即发。这时候千万不要火上浇油，而是要温言软语，先让他熄火。事实证明，跟男人的冲突中，聪明的女人都能明白以柔克刚的道理，只有愚蠢的女人才会选择针锋相对。一个喜怒无常、经常像斗牛士一样怒发冲冠的女人是令人恐惧的。

　　美好的爱情是一所大学，而在感情生活中占有绝对主导权利的女人则是这所大学的校长，她可以改掉男人身上的种种恶习，培养男人以前所不具备的种种品质。哪一个女人都不是天生的校长，爱情大学的校长更是要边学习边摸着石头过河。要想当一名胜任的校长，必须拥有爱心加耐心，只有这样才可能把一块什么都不像的橡皮泥捏成自己所需要的模样。

　　爱情当然是女人的追求，是神圣而不可亵渎的。但是处于恋爱中的女人需要做一个警醒的人。爱情是有一定的原则，即使在爱情中女人也不能完全地迷失自己。而女人又是最容易在爱情中迷失自己的。面对所爱的人，女性往往愿意为了爱情而把自己完全改变。为了得到心爱的人的喜爱，让自己表现得如他喜欢的样子，比如说他喜欢听的话，留他喜欢的发型，改变自己的穿衣风格以适应他的喜好，做他喜欢的事情等等。但是过一段时间以后，她就会突然感觉到自己已经不是原来的自己了。

别放纵爱，别吝啬爱

爱情的追求，需要有一个人占主动，因为在恋爱开始时都两情相悦或一见钟情的人极少。因为男孩可能比女孩"脸皮厚"，不怕被拒绝。男孩被女孩拒绝一百次，他可能还会坚持追求这个女孩，而女孩常常忍受不了男人的一次拒绝。女孩往往不能死缠自己中意的男人，因为这样会被世俗看成是放荡，而男人对一个女孩的死缠烂打，往往会被人看成是征服女孩的一种气概和无畏。因此，在恋爱的"攻防"中，男人往往要主动一些，当然，现实中的恋爱辛苦的常常也会是男人。

男人在爱情的追求上缩手缩脚，受害的是他自己，很多的大龄男青年婚姻问题得不到解决的原因，往往就是缺乏主动。他们不知道，对自己心爱女孩的追求，那是正大光明的事，没有必要瞻前顾后。可是，很多男人不敢对自己中意的女孩主动追求，他们有很多担忧，而那些担忧有些常常又都是多余的。

不难想象，让一个女孩像男人那样去主动追求自己的意中人，那的确很难。我们之中有许多人，对于爱情一方面十分渴望向往，一方面却又闭关自守。他们只会坐待奇迹的出现，而不去主动创造奇迹。

韩瑞雪爱上同一个写字楼里上班的阳光，她摸准了阳光每天会几点来上班，于是她就把握好时间在这个时间到达电梯口。然后就和阳光相见。事实上，韩瑞雪每天都会早来一会儿，然后躲在楼梯里看到阳光来了，然后不紧不慢地装作刚从另一个入口进来的样子。那时候，她每天都会早起20分钟，用心地选择当天适合穿的衣服，然后再给自己化妆一番。就这样，经过一段时间的相遇，阳光终于注意到了她。

在偶然的一天，两人又开始在电梯口相遇了，虽然互相没有打招呼，但却在电梯门前相视一笑。韩瑞雪有绝对的定力，她并没有表现出丝毫的着急，一连半月都没有主动去说一句话，直到明显感觉出阳光对他们巧遇的惊喜以及对她的好感，才很羞涩地和他说上几句话。

计划初步成功后，她又算准了阳光某一天的下班时间。那天，她拎着大包的东西站在写字楼的门口，"刚好"看到他从电梯里走出来，她表现出很为难的样子，请他帮个忙拿一些东西上出租汽车，非常绅士的阳光当然不会拒绝，并主动提出自己有车，如果顺路的话可以带她一程，韩瑞雪听阳光这么一说，心里非常的高兴，她凭借早就调查好的消息，说出了一个离他的家非常近的地方。结果可想而知，阳光将她送到目的地，两人在车上共度了一段美好的二人时光。韩瑞雪的话不多，主要是引导阳光来讲话，她自认给阳光留下了非常好的印象，于是双方就留下了联系电话。隔日，韩瑞雪又请阳光吃饭以表示感谢，全然没有流露出自己已经爱上他的想法。反倒是阳光对神秘的韩瑞雪表示出了极大的兴趣。过了不久，阳光开始追求她，韩瑞雪故作矜持了一下，看火候差不多了，就扑向了阳光的怀抱。

韩瑞雪对爱情花的心思着实不少，但是相比最后自己的所得，实在

是微不足道的。她制造了与喜欢的人相遇的机会，却没有"主动进攻追求他"，而是吸引对方产生好奇反过来追求自己，她的目标达到了，还安享着被喜欢的人追求的快乐。

从上述故事可以看出，不谈恋爱你就不会明白渴望被爱的那种迫切感及得到爱情的喜悦，你也不会懂得包容一切的精神，想要探究人性的欲望以及这个世界虚弱无常。所以女人必须要拥有恋爱的经验，不管是一次也好、两次也好，毕竟恋爱是青春的源泉。所以说，追求一个女孩，不要顾及自己条件怎样，顾及太多，往往会错失良机。

如果你是个等待爱情的女人，那么，我想告诉你，缘分不是仅靠巧遇和偶合，更要凭借你去主动吸引和创造。毕竟一个人的爱情生活并非靠命运来决定，而应该是由自己来主控和掌握的。

你要记得：在这个世界上，你是独一无二的，没有人像你，你也不需要去代替谁。在你的人生舞台上，你是自己的主角，不需要去做谁的配角。别在难过的时候接受男子的爱，那对他不公平，你也不会幸福，要分清楚，是喜欢是同情或是怜悯。相信，你终会遇到喜欢你而你又喜欢的人。所以，别放纵爱，别吝啬爱。

让爱情更美好

爱他爱得发狂，却发现他狂傲无比。不要紧，在具体问题上给他设置一个障碍，让他自己发现自己的问题，这比表现攻击来得从容和智慧。一旦他认识到自己的短处，反倒会加深对你的爱。就算一个普通男人，也受不了女人爱的纠缠，更何况一个成功男人。同样的伎俩不但容易使你失去恋情，甚至你自己也会遭到他的厌弃。

对于一个男人来说，一生最大的"折磨"要算得上是去恋爱了，当他在追求一个女孩的时候，他要一改过去的一些坏习惯，以全新的面貌出现在自己中意女孩的面前——这些修饰会使一个男人费去不少精力，再加上还要为女孩的开心费心思，自己好像先灭了自己男子汉的威风，往往会使得一些男人"恋爱未捷先憔悴"。最后能否得到这个女孩，一点保证都没有，恋爱很是"劳身费心"。因此，使得一些有些性格的男人不愿主动对自己的意中人出击。其实，很多人不敢主动出击的原因还是怕"费心"，他们怕被女孩拒绝，以为自己被拒绝后，在面子上会很难看。

所以说，在一个全是单身女子的群体中，她们都希望自己被人追求，哪个人被追求的越多，说明她被人赞美的就越多，她们就觉得自己

越有面子。一个没有追求者的女孩，在心里是很难受的，因为那是男人在对她进行无声的否定。女孩最美好的回忆，往往就是在单身时，那些众多的追求者给她带来约。因此，男人大可不必担心自己因追一个女孩而被对方责骂和嘲笑。那些被讥笑为"癞蛤蟆想吃天鹅肉"的男人，往往是因为他们追求女孩过，不是为了发自内心的爱情，他们追求的动机不纯，对女孩很轻浮，有的甚至只为对方的美色，只为性的需要，这样，女孩自然不会给男人好脸色。

还有就是很多被女孩拒绝的男人，他们在其他人面前因此会感到无地自容。其实，这只是一个人单方面的感觉。在更多人的眼里，男人追求一个女孩，无论是成功还是失败，那都是一件美好的事，因为那可以显示出一个男人的多情与血性。追求成功了，那就是完美；追求失败了，那也是人生的一段浪漫。

爱情，其实一种有缘有份的结合，就是说在千人万人中怎么就遇见了一个你，结果是什么原因走在了一起，这都是一种缘分。相遇相知相爱，太不容易了；可惜，太多不可抗拒的因素让我们不得不分离，这是宿命的结局，这不是我们的错，这是命运的错。

我们知道，恋爱是美好的，但恋爱之舟驶向婚姻彼岸的过程却不是一帆风顺的。其间，由于双方性格的不同，对某些问题所持观点的差异，一方言行的失当或对对方言谈理解上的偏差等因素，彼此之间总难免会出现一些感情上的摩擦。

俗话说：懂得爱自己，才能去爱别人。现代越来越多的女人开始用各种方法来珍惜自己。有人说"珍惜自己"是当今新女性最流行的口号，也算是平衡爱的天平的良方。

珍惜自己的真正用意，应该是爱自己，也就是自爱。所有的女孩子都希望自己的男朋友是真心地爱着自己。

23岁的周宁是个如花似玉的女孩子，但是她在学校的时候曾被迫与一位老师发生了关系，所以后来就一直抬不起头来。工作以后，单位的一位同事拼命地追求她，最终她被她的热情所打动，和他建立了恋爱关系。因为以往心灵上的创伤，她分外珍惜这一段感情。几个月的时间过去了，男朋友提出想要跟她结婚，周宁考虑到自己年纪还小，就没有答应，为此，他们发生了争执，一连几天都闷闷不乐。几天后，男朋友又提出来要与她发生关系，周宁想到自己以往的经历，没有答应，没想到，平时一向温文尔雅的男朋友竟然气愤地拂袖而去，周宁忽然感到自己的世界失去了所有的阳光。

过了几天，她的男朋友带着礼物来看她，并且向她道歉说自己不该那么粗暴，周宁原谅了他，这样的情况又发生了几次。为了保住这份爱情，终于周宁在男朋友的又一次恳求后以身相许了。然而令人没有想到的是，就是周宁这一次的献身，从而使她失去了这份被她视为精神支柱的爱情。因为她的男朋友发现她不是处女，他骂她假正经，说她不知道和多少人鬼混过。周宁没有想到事情竟会是这样一个结果，她跪下恳求他不要离开，说为了他什么她都愿意做。但是他却说两个人的缘分已经尽了，再也没有挽回的余地了。事情发生以后，周宁又好几次低三下四地去请求她的男朋友不要抛弃她，每次和他见面，她都会再一次和他发生关系，而每一次她都会受到那个男人无情嘲讽和唾弃。

　　这是一个典型的不会爱自己的女孩子。在人性中，得不到的东西总是最好的，周宁轻易地以身相许，使自己在男朋友的眼中失去了应有的价值与神秘感，也会使他产生对她的道德观的怀疑。而周宁在被男朋友抛弃后的做法，无疑使自己越陷越深，更无可救药地失去了自己的尊严。

　　事实上，爱情是非常美好的，毕竟爱与性都是双方相互付出的，并不是单方面的依赖。如果你也面对了周宁的情况时，你不妨考虑一下，为什么他不尊重你的选择权？为什么他对于你给他的关怀与温柔都视而不见，却单单以性关系来评判爱与不爱呢？你如果真的感觉到时候未到，你当然有权利说不。如果他真的因此离开，值得怀疑的不是你爱不爱他，而是他到底爱不爱你的问题。如果你明知他对你的爱不是那么多，而你却很想和他长相厮守。这时候你会想尽办法主动去亲近对方，妄想借此抓到一生的幸福。如果你真的这么想，那么只能说，真的不能这么做。

　　在今天的城市，很多的男人仍然认为女性的贞操尤为可贵，更多的男人为争取女人的肉体而努力，而不少恋爱中的女人对自己身体的观点，完全随这些男人的立场而摇摆，贞操对这些女人来说几乎是一种负担，而非珍贵，更谈不上是自尊。除非她们有足够的智慧，能认清自己的想法，并且确认它。所以，如果你已经涉入了男女游戏的互动当中，请你必须想清楚。

　　真正的爱情是健康的，会给人带来自由、愉悦的感受，也唯有在自由的气氛下，爱才得以滋长。别人如此，爱自己也一样。要爱自己爱得正确健康，首先要让自己自由，时时倾听自己和内在的自我对话，诚实地面对内心深处的各种欲念。这样，当我们置身各种人、事物中，才不会失去判断，才能完全保持平衡。当我们能用这样的态度爱自己，就能真正了解爱的意义，而且有能力去爱其他人。

爱情是公平的

有人说，对于爱情来说，只要对方没有结婚，你都有机会。做第三者是不道德的，这便给爱情的竞争性质划分定了一个界线。其实，"第三者"的道德与不道德，有时不仅仅能用结婚与否来界定。对方结了婚，不说你直接去追求对方是可耻的，就是接受对方的追求也是不道德的。而对于一个心有所属的人来说，你还去追求对方，这是刻意去拆散一对情侣，这也是有损道德的。但是，你可以接受对方对你的爱恋，因为对方没有结婚，重新选择是他自己的权利，也是正大光明、合情合理的事。所以说，爱情的竞争，一定要讲道德。

许多人喜欢把自己的恋人与别人相比较，而且这样的比较往往不公正。因为很多人在比较的时候，喜欢拿自己恋人的缺点去比较别人的优点。这样，很多人就会觉得自己的对象缺点满身。

在现代社会中，一个会同时扮演多种角色，比如，一个男人，他既是父母的儿子，又是孩子的爸爸，还是妻子的丈夫，并且每天都有不同的身份，在公司是员工，在路上是行人，在商场是消费者，在公交车上是乘客……

心理学家发现，聪明的人总是会根据情境的变化，做出适时的调整，而不会总是以一种身份、一种腔调去面对所有的人。不懂得转换自己身份和角色的人往往很难拥有良好的人际关系。只有善于变换自身角色，找准自己的位置才容易和大家融合在一起。爱情婚姻生活中也是如此。

在感情世界里，每个人都有属于自己的幻想。如果一个人能躺在爱人的怀抱里，闭上眼睛，什么也不想，用整个身心的精力，去闻爱人的呼吸，吻爱人的香唇，听爱人的跳，抚摸爱人的肌肤……睁开眼睛，望着爱人那两潭柔情似水的眸子，望着爱人那带着微笑的嘴角和两个深深的酒窝，望着爱人用一只温暖的手，在自己的额间和发间轻轻地抚摸……这便是人类最美妙最超然的佳境了。

拥有爱情的人，都有这样的感受，当你在旅途中受一路颠簸而疲惫不堪的时候，只要伏在爱人怀抱静静地小憩一会儿，那无形的困顿和劳乏就会化做一缕青烟悠然飘散；当你徘徊在人生的十字路口的时候，只要伏在爱人的怀抱轻轻地问该怎么办？那无声的传递和交流就会通过心灵的轨迹，使你重新找到自己的坐标；当你在的路上正扬帆远航，却突然遭到暴风骤雨的袭击和浊浪巨涛的颠覆，只要能伏在爱人的怀抱默默地躺一躺，那么她就会教给你"人生旅途多风浪，关键要学会战胜自己"的道理；当你在事业春风得意的酒杯里眉飞色舞的时候，只要能伏在爱人的怀抱时悄悄地靠一靠，那么她就会提醒你不要被暂时的胜利冲昏头脑，前面还将出现坎坷和羁绊……我憧憬爱人的怀抱，它是热带丛林中一股凉爽的风；它是干涸沙漠中的一片绿洲；它是高山，是海洋，是无云的蓝天；它是花瓣，是甘露，是金色的海滩。只有依偎在爱人的

怀抱里，素洁的花萼就会在周围流连顾盼，缕缕浓香便宜漫溢过腮畔；只要依偎在爱人的怀抱里，调皮的鸟儿就会在身边啁啾鸣唱，阵阵欢语便流徜过脸庞。

假如叫我在喧闹的都市生存或在爱人的怀抱里死去做一次选择，那么我宁愿挑选择后者。如果真的有一天我感到好累好累，那么此刻若能躺在爱人的怀里，我将软软地睡去，幸福地睡去，睡去人生的负累。

我们要知道。每个人都有自己的优缺点，爱一个人，既要欣赏其优点，又要包容其缺点。一个真正在爱情的道路上成熟的人，知道用放大镜看对方的优点，用近视眼看对方的缺点，这样，你的爱情才会变得很完美。每个人都会有自己的优缺点，有钱的未必长相好，长相好的未必有能力，有能力的未必对你忠贞……用别人的优点比恋人的缺点，你的恋人永远都是不好的；如果用别人的缺点来比恋人的优点，那么你的恋人总是优秀的。有智慧的人永远用后者的心态看自己的恋人。因此，他们与自己喜欢的人总是那么相亲相爱，让人羡慕。

值得注意的是，千万不要在现在的恋人的面前，谈以前恋人的优点，这会让现在的恋人十分的反感，往往会成为你恋爱再次失败的根源。

爱情是可以公平竞争的。注意：爱的竞争，是心与心真诚度的对抗，是对一颗心归属的抢夺。武力、谩骂、金钱可能都不会对其起什么作用，最关键的是，你要比对方付出更多的爱。

距离真的能产生美

在有些恋爱的人看来，爱侣之间一定要形影不离。但在恋爱的道路上，那些一开始就终日厮守的人，他们的恋爱往往都是失败的。

两个人感情的好坏，不在于在一起时间的长短。恋爱中的人注意，有时候两个人在一起的时候可以增长感情，使感情变厚；有的时候在一起会消耗掉两个人的感情，使感情变薄。两个人为在一起而在一起，往往会产生很多矛盾，这样就会消耗掉既有的感情；在情人节、生日、感恩节等两个人的相聚，哪怕就是见一面就各自散去，这也会使得两个人的感情得到很好的增加。

有一句话叫做"距离产生美"，如果你希望两个人能保持长久的生活激情，那么就应该相互间留有一些神秘。因此，在和自己的恋人交往时，最好不要天天见面，给自己留一些独自的空间，让自己在心里多一些相思。这样，你才能让自己充分感受到恋爱的甜蜜，恋爱总会充满着激情。

爱情应该保持怎样的温度和距离，双方才能如沐春风？有的人拿菜刀逼着对方说我爱你，得到的只能是愤然反抗。还是李敖说得好，只爱一点点。如何掌握爱的尺度往往令人困扰，太冷了是冰山，太热了又是

火山。为此，我想起了一个石头与佛的对话的故事。

石头问：我究竟该找个人我爱的人做我的妻呢？还是找该找个爱我的做我的妻子呢？

佛笑了笑：这个问题的答案其实就在你自己的心底。这些年来，能让你爱得死去活来，能让你感觉得到生活充实，能让你挺起胸不断往前走，是你的爱人呢？还是爱你的人呢？

石头也笑了：可是朋友们都劝我找个爱我的女孩做我的妻子。

佛说：真要是那样的话，你的一生就将从此注定碌碌无为！你是习惯在追逐爱情的过程中不断去完善自己的。你不再去追逐一个自己爱的人，你自我完善的脚步也就停滞不前了。

石头抢过了佛的话：那我要是追到了我爱的人呢？会不会就……

佛说：因为她是你最爱的人，让她活得幸福和快乐被你视作是一生中最大的幸福，所以，你还会为了她生活得更加幸福和快乐而不断努力。幸福和快乐是没有极限的，所以你的努力也将没有极限，绝不会停止。

石头说：那我活的岂不是很辛苦？

佛说：这么多年了，你觉得自己辛苦吗？石头摇了摇头，又笑了。

石头问：既然这样，那么是不是要善待一下爱我的人呢？

佛摇了摇头说：你需要你爱的人善待你吗？

石头苦笑了一下：我想我不需要。

佛说：说说你的原因。

石头说：我对爱情的要求较为苛刻，那就是我不需要这里面夹杂着同情，夹杂着怜悯，我要求她是发自内心的爱我的，同情、怜悯、宽容和忍让虽然也是一种爱，尽管也会给人带来某种意义上的幸福，但它却是我深恶痛绝的，如果她对我的爱夹杂着这些，那么我宁愿她不要理睬我，又或者拒绝我的爱意，在我还来得及退出来的时候，因为感情是只能越陷越深的，绝望远比希望来得实在一起，因为绝望的痛是一刹那的，而希望的痛则是无限期的。

佛笑了：很好，你已经说出了答案！

石头问：为什么我以前爱着一个女孩时，她在我眼中是最美丽的？而现在我爱着一个女孩，我却常常会发现长得比她漂亮的女孩呢？

佛问：你敢肯定你是真的那么爱她，在这世界上你是爱她最深的人吗？

石头毫不犹豫地说：那当然！

佛说：恭喜。你对她的爱是成熟、理智、真诚而深切的。

石头有些惊讶：哦？

佛又继续说：她不是这世间最美的，甚至在你那么爱她的时候，你都清楚地知道这个事实。但你还是那么爱着她，因为你爱的不只是她的青春靓丽，要知道韶华易逝，红颜易老，但你对她的爱恋已经超越了这些表面的东西，也就超越了岁月。你爱的是她整个的人，主要是她的独一无二的内心。

石头忍不住说：是的，我的确很爱她的清纯善良，疼惜她的孩子气。

佛笑了笑：时间的任何考验对你的爱恋来说算不得什么。

石头问：为什么后来在一起的时候，两个人反倒没有了以前的那些

激情，更多的是一种相互依赖？

佛说：那是因为你的心里已经潜移默化中将爱情转变为了亲情……

石头摸了摸脑袋：亲情？

佛继续说：当爱情到了一定的程度的时候，是会在不知不觉中转变为亲情的，你会逐渐将她看作你生命中的一部分，这样你就会多了一些宽容和谅解，也只有亲情才是你从诞生伊始上天就安排好的，也是你别无选择的，所以你后来故的，只能是去适应你的亲情，无论你出生多么高贵，你都要不讲任何条件的接受他们，并且对他们负责对他们好。

石头想了想，点头说道：亲情的确是这样的。

佛笑了笑：爱是因为相互欣赏而开始的，因为心动而相恋，因为互相离不开而结婚，但更重要的一点是需要宽容、谅解、习惯和适应才会携手一生的。

石头沉默了：原来爱情也是一种宿命。

石头问：大学的时候我曾经遇到过一个女孩，那个时候我很爱她，只是她那个时候并不爱我；可是现在她又爱上了我，而我现在又似乎没有了以前的那种感觉，或者说我似乎已经不爱她了，为什么会出现这种情况呢？

佛问：你能做到让自己从今以后不再想起她吗？

石头沉思了一会儿：我想我不能，因为这么多年来我总是有意无意中想起她，又或者同学聚会时谈起她的消息，我都有着超乎寻常的关注；接到她的来信或者电话的时候我的心都是莫名的激动和紧张；这么多年来单身的原因也是因为一直以来都没有忘记她，又或者我在以她的标准来寻觅着我将来的女朋友；可是我现在又的确不再喜欢她了。

佛发出了长长的叹息：现在的你跟以前的你尽管外表没有什么变化，然而你的心却走过了一个长长的旅程，又或者说你为自己的爱情打上了一个现实和理智的心结。你不喜欢她也只是源于你的这个心结，心结是需要自己来化解的，要知道前世的五百次回眸才换来今生的擦肩而过，人总要有所取舍的，至于怎么取舍还是要你自己来决定，谁也帮不了你。

石头没有再说话，只是将目光静静地望向远方，原来佛也不是万能的……

石头问：在这样的一个时代，这样的一个社会里，像我这样的一个人这样辛苦地去爱一个人。是否值得呢？

佛说：你自己认为呢？

石头想了想，无言以对。

佛也沉默了一阵，终于他又开了口：路既然是自己选择的，就不能怨天尤人，你只能无怨无悔。

石头长吁了一口气！石头知道他懂了，他用坚定的目光看了佛一眼，没有再说话……

所以说，幸福的标准因人而异，不必羡慕别人。答案就是表现出明确知道自己的方向，当你这么做了，别人自然会为你让出一条路，帮助你达到目标。在经营爱情时，道理也是一样的。要能选择适合自己的对象，第一步就是要认清自己的特质，并且描述自己人生的远景。但是，这也就是最困难的地方。

关注爱情中的细节

为什么你得不到这个机会？你是不是确实有什么地方不如别人？要经常这样问自己，每天检查自己的得失。我国古代的儒家劝人要每日进行多次反省，就是为了使人对自己有一个清醒的认识。退一步说，某一次机会失去了，并不说明你不如别人。每个人都有自己的长处。也许新的职位并不能充分展现你的才华。提升与否，并不是对人能力高低的评价。你可能并不适合做经理，而目前缺少的刚好是一位经理的人选。你的长处在于你对财务工作的熟悉，可是，现在并不缺乏这方面的人才。如果缺乏的是一位会计师，那么这次提升的就不是别人，而是你了。

在这个世界上，每个人都憧憬着幸福的爱情生活，在这方面，女人表现得比男人更加执着。其实要获得幸福也并不难，只需注意一些细节就行了，因为爱情和婚姻都是由一串串琐事构成的。

怎样在有限的时空里，使两个人的感情变得更加牢固，主要看你是不是善于在细节之中捕捉机会，增进与爱人之间的感情。

日本有一位女明星，虽然有许多仰慕者，可是她只对其中一位男士情有独钟。原来，每次约会结束，他送她上车，并立刻就转身走掉，他一直站在车旁等车子开走，直到车子逐渐消失在他的视线为止，他总是痴情地挥手。她本来并不知道，一次偶然的回头，才发现了痴痴挥手的他。那刻的心灵震动，使他们的感情又深了一层。一个简单的动作，尚且能够深深打动爱人的心灵，那么，如果你细心地体贴自己的爱人，在恰当的时机，为爱人献上一份特殊的礼物，更会有意想不到的收获。

其实，每个女人对生活都有着美好设想和目标，同样也对自己的男人抱有很大的期望。女人希望男人事业有成，这原本无可厚非，但有的女人把这种期望提到了不恰当的高度。她们平时有意无意地做这方面的心理暗示，诸如经常在男人面前夸耀别人的男人如何事业有成，如何能挣大钱等，她们流露出的羡慕口气无形中增加了男人的心理压力，使他们由于过分紧张而焕发不出内在的潜力。

一位名演员，谈及自己未成名之前，总会说起一件事。

他有一串非常珍爱的风铃，是他死去的母亲留下来陪伴他的。一次，因小偷的光顾，被弄得粉碎，他相当地难过。事隔一年，就在小偷弄碎风铃的那一天，他的女友交给他一个小小的盒子，他打开之后，感动得差点掉下泪，那是一串与母亲留给他的一模一样的风铃。

然而，他会加上一句，现在，"风铃和女友都珍藏在我的家里"。有人已经成了他生命中的一部分。

一个女人如果你想拥有自己的幸福，那么在日常生活中就应该多留心他的话。假如他说自己的头发干燥，常常乱蓬蓬地，他也许只是随意说说，但你要"听者有意"，适时送他一瓶新出的润发露，那么，他会由衷地感到你的细心和体贴。

另外，女人要发挥细心的优势，记住诸如丈夫的生日、认识的纪念

日等特殊的日子。到时给对方创造一个惊喜，拉近你们心与心之间的距离。

有人说细微之处才显真情，比如说，随身携带纸巾，对方需要时，恰到好处地递给他一张；准备几个硬币，在对方打电话没有硬币时，默默地放在他的手心……无论是哪种，都无须夸张，只要让对方由衷地感受到你的关爱，就能产生一种心灵上的震撼。

能够"想对方之所想，急对方之所急"，能够为你的丈夫排忧解难，与对方的心灵息息相通，是最能够拉近彼此心灵的。

当你牵着心爱的人步入婚姻生活的时候，从前的新鲜感，新奇感已渐渐褪去，昔日的温馨与依恋也已经变得习以为常，在平凡中制造的浪漫，于细节中体现的真情则更会体现出它的珍贵。

每个女人都有过这样的体验，当你变换了一种发型，或者当你穿上一件线条优美、新颖大方的新衣服，你会觉得自己很美。而这时，你也希望从爱人的眼里读出一份欣喜与爱慕。

家庭生活时间久了渐渐形成规律，如果一直是按部就班，始终是一个节奏，情感就会因为缺乏变化而变得单调。适当来一点情感涟漪，离开原来的轨道，让情感像流水一样片地流动之中，既循着一定的河道，又不停地更新运动，就不会令情感凝固、冷却。短暂的别离就是一种很有效的方法。一方外出开会、学习或出公差，双方就都有了回味的时间，再相聚时，彼此都会发现对方变得更有魅力了。

如果遇到有事外出的时候，别忘了定时给丈夫打电话报平安、叙思念之情是很必要的。平平常常的一个电话也会带给丈夫极大的快乐。回来时带些小礼物，比如所到之处的特产等，会给丈夫一份惊喜。一句安慰话、一场问候语、一段爱的表白，只要发自真心，不论短长，都会让丈夫确信自己在你心中的位置，成为心理上极大的安慰。

　　作为一个女人，应该把握日常中的每一个细节，在点点滴滴中增加爱情的温度，这样就会让你们的爱情更加牢固。

爱情不是两个人的事

爱情，看似是两个人的事，因为只要男女双方能两情相悦，他们就能走向婚姻的殿堂，实现"相伴到白头"的许诺。有的人认为，两个人的自由爱情，第三方不应该有丝毫的决定权，否则，被人左右的爱情就不是真正的自由爱情。一方要对自己的爱情选择是要考虑到第三方的态度，那么另一方就会认为他不是对自己的真爱。但在现实中，爱情不是两个人的事，还有很多的人和事与爱情有着关联。

每个人都有自己的过去，也都有属于自己的秘密。有的人在面对自己的最爱时，他会把自己所有的秘密说给对方，认为这样就是对对方忠贞。

这种做法在恋人相处的初始可能对方不会在意，但是，这可能会给以后的婚姻生活埋下祸根。秘密，往往都是自己的伤痛或是不可告人的事。在婚前两个人的矛盾较少，在婚后的家庭生活中就会多一些矛盾，这样往往会扯出萝卜带出泥，以前的秘密会成为爱人攻击的把柄，有时还会把以前和现在联系起来看，这样，爱情会因为没有秘密而变得很脆弱。

在爱情中，表达彼此爱意的最初都是从亲吻开始。要重视你们的每一个吻，每次接吻的时候都要真诚而温柔，永远像你们每一次亲吻的时候一样怀有激动和喜悦的心情。吻是一种很奇妙的行为，可以很好地表达出一种"我对你爱不释手"的情怀，对方会感觉你深深地被他吸引，同时他的爱也是你所渴望的。

另外，增进感情的方法并不只限于亲吻，两个人在一起的时候应该多用抚摸或其他的身体接触来表达感情。有的情侣习惯在任何时候都手牵手，即使睡着了以后也不分开，这是一个值得借鉴的习惯，可以让你们之间的默契和温情保持在一个细水长流的稳定水平上。

爱人的心往往需要用战争来赢得，所以怎样征服男人，就成了女人最关心的话题。"知己知彼，百战不殆"，中国古人的战争智慧，也可以在情爱生活中应用。

中国古人大都有含而不露的民族群体性格特征，男性都喜欢含蓄、内向型的女性，开放型的女性虽然可以朋友遍天下，但在绝大多数男性心目中，她们容易走近却不容易走进，只可为友却不可为妻。假如你觉得自己没有足够的能力改变他的这种观念，却又无法割舍对他的感情，不妨投其所好，经常让他眼睛一亮，发出由衷的惊叹：原来她是这样的优秀。

男人的嫉妒心是一笔可以利用的资源。一个被若干异性爱慕着的女性比落落寡合的女性魅力大得多。只要使用得当，你所钟情的男子会出于对其他异性的嫉妒而对你产生兴趣，但是最好是点到为止。"欲擒故纵"不失一种好办法，但要记住物极必反，你如果过于讨人喜欢，而且来者不拒的话，那么你的形象将会变得可疑，要知道男人需要的是辆属

于自己的汽车，而不是一个熙熙攘攘的候车室。

如果每天下午你都会收到伴侣的一个短信，你会不会感觉很幸福？也许你们晚上就会见面，但是无论如何他都会保持这个习惯，哪怕只是寥寥的几个字。时刻将你们联系在一起的短信成了你们之间感情的纽带，让你知道他百忙之中心里还惦记着你，还有什么比这更让你感动的呢？在关系牢固的恋人中间，这种做法非常普遍，他们不会让彼此失去联系，哪怕是一天也不行。现代社会生活节奏紧张，工作压力较大，两个人很有可能接连几天都不能见面，电话、短信、电子邮件，甚至是枕边的一个小小字条，都可以表达你的情感：尽管我们不能见面，但是我们的心永远在一起。

男人喜欢温顺的女人，从而满足他统治世界的潜意识。但是如果你对他一味百依百顺，他就会感到兴味索然，因为爱情需要抑制精神力量的碰撞，一直百依百顺，你就会失去自己的独立个性。当你跟他完全步调一致的时候，他也就取消了你存在的合理性，既然你跟他完全一样，那么，你的存在也就显得多余了，他可能会把目光转向别人。

对于一个女人而言，小小的嫉妒是可爱的，它可以证明你在乎他，证明你对爱情的忠贞，然而如果整天到晚都酸溜溜的，那么你将被他认为你缺乏的正是一个好情人好妻子所应具有的宽广胸怀，特别是毫无根据的胡乱猜疑，更是会让他火冒三丈。两情相悦，信任是基础，吃醋会伤感情。两个人谈情说爱最忌讳的就是互相猜疑，互相不信任，这样会使爱情变味。

什么情况下会觉得"爱得很疲倦"呢？我们疲倦时，总有一点心力交瘁的感觉，觉得体力不支，心中的也有放弃的想法。疲倦通常是在一番忙碌争战之后产生的感觉。爱得疲倦的罪魁祸首就是耗费精力，彼此猜忌防范，其中以失信于对方尤甚。

甲与乙的关系中曾经出现第三者，乙思前想后，决定放弃第三者而继续与甲的关系。可是，彼此之后，各有心事。甲对乙诸多防范，处处小心察看有没有第三者出现的痕迹，于是，乙打电话时，甲会不自觉地竖起耳朵听，对他的神秘行踪又作多方打听猜测。乙也是同样地诸多防范，以免甲吵吵闹闹发脾气，同时也想保持自己的私人空间。于是，乙会神神秘秘地打电话，在记事簿上使用密码记录约会，永远把钱包、记事簿带在身旁。

其实，他俩是爱对方的，也非互不信任，这一种互相防范的行为可以说是他们的"死穴"，是怎么也冲不过、克服不了的关口。

于是，他们每一天都是这样猜疑着、防范着，爱得越深便越害怕改变现状：甲害怕乙会被另一个第三者侵占，乙又害怕甲再胡乱猜疑和吵闹，伤害双方感情。

出现这种情况后，两人都生活在"张力"之下，每天都在戒备状态里，身心疲乏程度可想而知。

互相猜疑使他们的爱情变成了一种负担，如果任其继续下去，最终他们只能发展到分手的地步。

事实呢？信任是基石深深地沉在心灵的深处，毫不动摇地承受着一切；责任是房梁，横穿时间的始末，成为整个房屋的脊梁；关怀是墙壁，无论是严寒酷暑，都把你拢在温暖的怀中；呵护是屋顶，狂风、

严霜、雨雪统统被挡在外面；温情是炉火，它使屋内四季如春，舒适怡人；理解是门窗，可以让你看到外面的风景，可以让你从这里走向社会，走向莺飞蝶舞的丰腴平原，走向日升月落的巅峰绝顶。

因为爱情，所以我们一起成长

我们以"幸福"为人生追求的目标，把家庭设想成为温馨的港湾。在工作和生活中我们会遭遇很多压力，我们希望把它们带到家里加以释放，获取安慰。但是，我们往往会发现，自己连家都不想回了，甚至觉得独处的感觉更好一些。

为什么我们活得越来越压抑，越来越没有自己的空间？婚后，女人往往会有一种依赖性，他们总是将丈夫视为自己的贴身保镖，对丈夫总是管教有加、步步设防、层层加锁，害得男人们总是抱怨：再也没有以前的日子了！"以前的日子"意味着可以自由支配时间、做自己想做的任何事。这也使得男人更加向往外面的世界。男人希望有自己的空间，需要有时间来交友、思考、学习等等。作为女人，应该了解男人的需求，留一点空间给男人，不至于像一根绷紧了的橡皮筋，久了就会失去弹性，一旦拉断，就会万劫不复。

生活中，人与人之间需要相互的了解，但人们往往又因自身保护的需要，有意无意地掩饰和隐藏自己真正的目的和意图。男人是最善于伪装自己的人，无论内心世界斗争的激烈和痛苦，男人总是将自己包裹得严严实实。越来越多的现代男子愿意倾听自己内在的声音，也愿意承认

自己有和女人一样情绪：悲伤、快乐、寂寞、恐惧、愤怒或嫉妒。但他们还是会谨慎地选择，在自认为最安全的"秘密空间"独自面对。这也难怪有许多女性发现这样的感叹："男人为什么会这个样子？""他们在想什么？""我简直不认识他啦。"从这点来看，的确有点"男心叵测"的意味。

畅销书《男人来自火星，女人来自金星》（Men Are From Mars, Women Are From Venus）的作者葛瑞就提出一个有趣的"洞穴理论"。他如是说，男人需要安静的空间，客观地思考工作和生活中碰到的一些问题，以退为进，因而他们往往在经历了一天的压力与疲累之后，会习惯性地回到自己的私人洞穴。

现代男人不再需要像过去那样压抑自己的情感，他们最好的选择是独处。在隐秘的角落，男人可以露出内心深处最真实的情绪，细细地感觉各种喜怒哀乐——可能是工作上的胜利或失败，也可能是性爱的欢愉与幻想，种种隐秘的念头，可以在这里忠实呈现，没有人会论断，也没有人会嘲笑，因为那是属于自己的空间。如果女人只凭借自己的认识去看待男人，那就大错特错啦。

在男人的世界里，爱情不是生活的全部，爱情只是美味佳肴中的调味品，是生活的一部分。而对女人来说，爱是生活、氧气、生命。因此，女人的爱总是轰轰烈烈的，搞得天下皆知。男人可就不同了，即使是在热恋中，他们也会有本事狠下心来六亲不认，一心一意地致力于眼前的事物。如果你认为男人未免太无情了，那么，你错了，其实他们只是比较实际，一点儿也没有蔑视你存在的意思。

男人总是将"谨言慎行"牢牢地镌刻在心底里，适可而止地保持沉默。在与人交往时，他常常会保持沉默。而女人喜欢讲话，她很容易犯一个毛病，就是不管彼此的交情深浅，也不管对方是不是有兴趣，喜欢絮絮叨叨地数落生活里的大事小事，总是一厢情愿地和初见面的男人分享心事。生活中，我们常常会听到女人抱怨男人不跟自己交底。而在男人看来，坦露秘密只能让自己在对方眼中变得无聊、琐碎且毫无神秘感，久而久之，两人关系就变得平淡无奇了，很多人也因此给感情画上句点。

当然，说恭维话也要有分寸，十分露骨的奉承没有人爱听。只有发自内心的真诚赞赏，才能打动对方的心。另外，如果仅仅嘴甜，光要"嘴皮子"，没有实际行动，也会适得其反。

俗话说："女人心，海底针"，意思是说女人的心思难以琢磨。可是你知道吗？其实男人的心理同样也是很复杂的。

男人不与友人说秘密情事，而女人则开诚布公，几乎到了无话不谈的地步，从爱人童年的小名，到接吻技巧……都是彼此闲聊的话题。男人从不和朋友分享这些私生活。一方面，它会使男人感觉他的隐私为人所知，事事毫无隐瞒，很不自在，是一种背叛与出卖；另一方面，男人坚信自己的事自己管好，自己解决。

男人看问题更直截了当。男女交往时，了解对方是男女双方所努力追求的，只是男人和女人了解的重点南辕北辙。女人想要知道，为什么他在晚上才打电话来，而不是在中午？他为什么请我看电影？这样说，是不是有特殊的理由？

相对于女人不着边际的臆测，男人想知道的是事实：你多大了，你单身吗？星期六晚上你有空吗？你想见我吗？你爱我吗？许多女人将男人直截了当的决断、率真地陈述己见等称为冷酷无情，这是不公平的。事实上，男人看问题更象一辆在路上奔驰的车，他们惯常的思维方式是从甲地到乙地，呈直线而极少偏离轨道。如果男人请你看电影，不要在一开始就揣想它所隐含的任何象征意义，如果想想他为什么请你看，而不是请别人。十之八九是因为他爱你，如此而已。

男人对待感情的态度是当机立断斩情丝。这句话的意思并非"男人害怕承诺"。男人在进入一段稳定的感情之前，总是先自问：她符合我的需要吗？两人在性爱方面的配合如何？经济上，她是不是可以自给自足？如果所有问题的答案都是否定的，他绝对不会浪费时间和你硬打软泡，十之八九他会打退堂鼓，继续在爱情之路上寻觅佳人，绝不会像女人一样，明明看出彼此不合适，但还是钻牛角尖，一味想改造对方。

正处于热恋中的你，想不想知道怎样才能打动你深爱的男人呢？正所谓"知己知彼，百战百胜"。毕竟你的快乐，你的悲伤，你的爱情，你的生活，都在你自己把握。别指望有什么救世主，也别依赖地和天，它们的博大深邃是渺小的人所不能进入的，这个时代里，能真正进入自己的内心世界的人都已经不多了。如果有人问我"你相信地久天长吗？"我一定会毫不犹豫地说："相信"。——因为这是事实，同时也值得我们考虑的问题是："你相信你久我长吗？"——你有多久，我就有多久，因为爱情，需要我们一起成长。

为婚姻打下牢固的爱情基础

　　感情准备就是为婚姻打下牢固的爱情基础，这是婚姻幸福美满的保证。如果这项准备不充分，其他准备再齐全、再完美，也不能保障婚姻的幸福美满。因为爱情是播种，结婚是收获，庄稼不成熟，岂能丰收？可是，生活中到处可见庄稼不成熟就急于收割的人。许多男女由相识到结婚仅仅几个月甚至仅见过几次面就订了终身，结果相处不到半年就分道扬镳了。这些失败的婚姻的症结就在于缺乏必要的婚前感情准备。他们忽略了建造婚姻大厦的基础工程，基础不牢，大厦怎么会坚固呢？

　　为了充分做好婚前的感情准备，男女双方在相处、相爱的过程中，应该细致、深入、全面地观察、了解对方，把对方的脾气、爱好、习惯、追求乃至优点和缺点都吃透，即应该想方设法摸透他的心灵深处。当然，仅仅相互了解还是不够的，还需要相互理解、相互采纳，即相容，在此基础上建立、发展深沉、炽热的爱情。当男女间的感情已经达到了如此程度时，那么，婚前的感情准备则自然宣告圆满完成。

　　此外，在婚前，男女双方还要对过去的感情做彻底了断，不要使之影响婚后二人的感情。既然你有了新的选择，你就该全心全意对你未来的另一半，付出真诚的爱与关怀，为两人的幸福而努力。

从上面的分析已经知道，在我们爱情的过程中，我们的恋爱心理已经随爱意发生了变化。一般来说，热恋的双方希望能够更加全方位地了解对方的一切，尤其是脾气、性格、兴趣爱好以及内心的秘密等，并通过对对方的了解来修正自己的行为、习惯甚至是兴趣爱好，以尽量地适应对方。而处于热恋阶段的人，往往也把自己的心扉完全向对方敞开着，愿意和对方分享秘密、委屈以及痛苦。

同时，他们也希望用自己的观点影响并左右对方的思想，使双方在思想上保持一致。所以说，热恋中的男女，彼此间是没有秘密的，有的只是说不完的知心话，仿佛世界上只有对方是最能够了解自己的、理解自己的，在这样的情况下，我们就要明白爱情到底需要什么样的恋爱心理。为此，一位心理专家指出："热恋中的男女，总觉得对方是比自己还重要的人，会产生'只要对方好，自己做什么都心甘情愿'的想法。什么都想为对方去做，什么都愿意为对方去做，无论怎样都想让对方更好，这就是热恋时没有自我，只有对方的心理。"从爱情心理学的角度出发，这就需要爱恋中的人们知道：

1. 从相互的好感不知不觉地走向爱慕

双方因为一切都太过自然而相互产生好感，愿意在一起，在一起的默契又无形中增进了好感。因此，在这样的过程中，很多人并不认为自己已经恋爱，已经和对方产生感情。而多数人也没有想过两人的未来，一切只求顺其自然。

2. 朦胧不确定，看上去很美

一个人很可能同时有好几个"看上去，感觉还不错"的异性朋友，并且和他们保持一种很朦胧、暧昧的关系。这是因为自己还不知道爱的标准是什么，爱对方的是什么，是否真的已经在爱对方。对于这些问题，大脑中还是一片空白。

3. 对爱情不懂得保留

人们常说，初恋是人生中最美好的，没有一丝掺假的感情。很多人的初恋只是因为单纯的喜欢而和对方在一起，因为这时的他们，对于爱情是不懂得保留的。而这样的感情，往往容易难舍难分，并希望永远地在一起。

4. 直觉告诉我那是爱：神秘

很多人说："初恋时我们不懂爱情，但直觉告诉我们那就是爱。"也正因如此，爱情才更具有神秘感，更加让人神往。初恋是我们开始了解爱情的一个必经阶段，也是最重要的阶段，因此，更神秘的爱情由于初恋而向我们打开一扇门，让人看到里面的美好，所以初恋者心里的第一个感觉就是神秘。而对将来的不确定，自己的羞怯和初恋者年龄比较等原因，大部分是人向父母、老师、朋友以及长辈保密的，这就更加深了初恋的神秘感。

5. 总会有情不自禁地笑：幸福

很多人因为有了那个"他"或"她"，会感到格外地兴奋和幸福，只要一想到"他"或"她"，就会情不自禁地微笑，整天笑意盈盈，感觉快乐、幸福，只想在一起。

双方都会急切地想知道自己在对方眼里究竟是什么样的，对方究竟把自己放在什么位置上，并希望更多地了解对方。可以说，对方的兴

趣、爱好、喜欢什么样的异性都是自己关心的内容。

7. 难以控制的亲密行为：冲动

初恋中的时候经常会有冲动的感觉。比如想要尝试着拉对方的手，并和对方有亲密的行为。由于这是双方都不了解的领域，又比较不理智，不容易控制自己的冲动而任凭感情驰骋，所以有时会做出一些过分的行为，为两人的感情和将来埋下隐患。

这是从恋爱的心理转变得出的结论。毕竟热恋时的男女在对方眼中往往是最好的，对方的一切似乎都是那样的完美，无可挑剔。这是因为他们在自己的心里，已经百般美化对方，并通过理想化、装饰化的思维去看待对方。认为对方什么都好，即使是发脾气的时候也是美丽的，可爱的，甚至被认为是"有性格"的。所谓"情人眼里出西施"，"恋爱使人盲目"说的就是这时的男女。

随着恋情的逐渐深入，热恋中的男女会对对方产生强烈的独占欲。他们不愿意对方和其他异性交往，甚至连普通朋友也常常遭到怀疑。他们往往认为对方只是属于自己一个人的，并且十分反感第三者的出现，而独占欲的产生使双方想要以不同的方式来证明对方只是属于自己一个人的。男性表现为急切地想要和对方发生肉体关系，女性则表现希望为他打理一切，以体现母爱的行为来得到这方面的满足。

需要注意的是，男性很容易接受女性的这种做法，但如果女性都做得太过火，他就会产生厌倦心理，觉得自己没有了自信，女性什么都管着他，从而使两人之间产生矛盾。而女性是不太容易接受男性的这种要求的，经过几次的拒绝以后，男性就会误会女性不爱自己，不愿意毫无保留地接纳自己，也容易导致双方的矛盾。

　　热恋期间，男女的感情是逐步由浅入深的，爱情也是比较成熟的。在有了一定的共鸣以后，逐渐地走向平稳阶段，进行固定而稳定的交往。如果进展顺利，就会考虑到结婚。尤其是女性，在认定了对方以后，就会经常想到结婚的问题。这也就是我们接下来要讨论的话题了。

第二章

给爱情一点空间

放下也是真爱

在这个变幻莫测的年代，有件事情是永恒不变的，那就是众所仰望的爱情。然而，在现实世界里的爱情，完全不如电影中描述的那般浪漫美好，令人感叹。

人类对于爱情的信仰恒久不变，但是爱情的内容与角色却是千变万化，诡谲莫测。爱情带来的，也不只是美好的层面，同时包括了背叛与伤害。然而尘世间的男女，仍然对爱情怀抱着不切实际的渴望。爱情就像是一场跨世纪的万年慢性传染病，凡是人类，皆无一幸免。

只是现实世界里的爱情，完全不如罗曼史小说与浪漫电影中描述的那般美好。真实生活中的爱情，往往演变为外遇、情杀、家庭暴力等等足以登上报纸的怪异情节。当我们不断在爱情轮回里重复地扮演背叛者与受害人、为情所困者与困人情感者，令人不禁疲惫地感叹，难道我们不能拥有更美好的感情生活吗？

现代人的爱情，到底出了什么问题呢？归结其中的原因，作家曹又方女士表示："我们从小到大，所有的精力与才华都放在求学与工作上，感情的花园自然是一片荒芜。"

这意味着虽然我们外在的年龄已届成人，然而在感情历练上，大部

分的人还停留在小学阶段。因此，若想要在尔虞我诈的双打游戏中赢得爱情，光仰伏仗外在的魅力与条件是不够的，爱情和政治一样，更需要高明的技巧及冷静的头脑。

一个卷入不伦之恋多年的女子，迟迟不能走出这个其实对她来说已经是苦远多于甜的关系里。她说："我忘不了那些他曾经给过我的浪漫、深刻的爱的感觉。"

另一个男朋友感情出轨多次，尽管痛苦却始终不愿分手的女人则说："和他在一起这么多年了，要分手，我不甘心！"

当爱远走，无论它是发生在自己或者对方身上，放弃和放手都是唯一的出路。因为无法放弃曾经有过的美好感觉，无法放下曾经拥有的执着，就会让更多不美好的感觉压在自己的肩上心上；让自己和对方一起痛苦纠结，究竟惩罚了对方也许还是未知数，但是自己绝对是被惩罚最深的一个。因为你剥夺了自己就从现在重新开始享受快乐和幸福的权利。

放手让爱的人走，并不是一件容易的事。但是，这却是唯一的方法。否则，我们应付支处在无限的痛苦、气愤和沮丧之中。

所谓放弃和放手的艺术，并不单在爱情消逝的时候存在。事实上，当爱情在的时候，就懂得放手的智慧，往往是更积极的治本的方法。

从小到大，在每一段关系里，我们都是在寻找着一方面与人联结，一方面与自己联结的双向路线。也就是说尽管再亲密，我们也需要拥有自己的空间。无论是亲子关系、家人关系、朋友关系都是如此，爱情关系当然也不例外。如果失去了这样的空间，我们很快就会觉得被束缚、觉得窒息、觉得痛苦。

一个苦者对和尚说："我放不下一些事，放不下一些人。" 和尚说："没有什么东西是放不下的。" 他说："可我就偏偏放不下。" 和尚让他拿着一个茶杯，然后就往里面倒热水，一直倒到水溢出来。苦者被烫到马上松开。 和尚说："这个世界上没有什么事是放不下的，痛了，你自然就会放下"。

因此，当爱还在的时候，懂得放手，给爱一个空间，就是一件很重要的事情。其实，如果仔细而深入地思考一下，如果我们在爱里面要求仅仅双方粘在一起，往往是因为害怕、缺乏安全感、嫉妒，所以要把自己生命的意义和重量交在对方身上，而不是因为爱。

有一个词叫"全身进退"。大概意思是指不论在什么情况下，都能在付出的时候全心全意地投入进去，在离开的时候毫无牵挂地抽身而去。古人都知道，"吾不能太上之忘情"，这种全身进退的理想状态，不知道在真正的生活里，有几个人能做到？

有人说爱的反面其实不是恨，而是淡漠。这真是一句真理。爱一个人的时候，情感都是激越的。他关心你，你便想以十倍、百倍的爱去关心他；他拥抱你，你便想以更多更有力的拥抱去回应他；哪怕是他犯了什么错，有了什么失误，让你对他恨得牙痒痒时，你也会想狠狠地想用尽全力去揍他、掐他、打他，反正无论如何，都绝不是无动于衷地不理他。

除非是爱到殚精竭虑，爱到心灰意冷，爱到彻底绝望，心中已经不再有灿烂的火花，甚至连那些燃烧过后的草木灰也没有了一点温度。这

种时候，想不淡漠都难。从此对你形同陌路，对你的一切也不再有任何的回应。没有余恨，没有深情，更没有心思和气力再作哪怕多一点的纠缠，所有剩下的，都只是无所谓。有一天当发现对于过去的一切你都不在乎，它们对你都变得无所谓的时候，这段爱肯定也就消失了。

但有一点不能忽视的是，爱情对于女人来说更显得重要，女人把爱情视为生活的全部，一旦爱情出了问题，那么她整个的生活也就处于混乱的状态，所以，对待爱情女人要慎重把握。

给旧爱的笑忘书

谁都希望能与恋人白头偕老，然而，世事无常，当你陶醉在耳鬓厮磨、卿卿我我的恋爱中时，甚至是在你已经和恋人商议如何布置新房时，心爱的人却要在乘坐你的两人汽车还没到站时，提前下车。于是，失恋的事实毫不留情地猛击你一掌。

对多数人来说，失恋的最初反应或是拍案而起，将不失"温柔"的绝交信撕成满屋飞舞的碎片，口是心非地狂呼"随他去"；或是将自己关在房子里猛的抽烟猛饮酒，受伤的心灵浸泡在麻醉中，整夜不眠；或是一时性急，毫不理智地"一哭二闹三上吊"……

有个女孩失恋了，一个人跑去酒吧买醉。待喝得酩酊大醉之后，便开始旁若无人地大哭起来。一位好心的男侍者跑去问她是否有所不适，结果被她一把拽住衣领死活不松手，口里直嚷嚷着："你为什么不爱我了？"满屋子的顾客死盯着看热闹。那位男侍者的尴尬自然是不需言表便能想象一二，醉酒的女人特别有股蛮力，他怎么挣扎也脱不了身。最后惊动了经理过来替他解围时，恰逢女孩一阵翻江倒海地呕吐，吐得猝不及防的经理与侍者满身都是。吐过后她便倒在一地狼藉中昏昏睡去，怎么叫也不醒。束手无策的经理只得查看她的随身手袋，找到了她的亲

友联系电话，叫人来把她抬走了。这年头，好事不出门，坏事传千里，不到一天工夫，她在酒吧里的那场闹剧就传得尽人皆知了……

失恋虽然让你一时陷入痛苦的深渊，甚至对生活失去了希望和留恋，但是在大庭广众之下，这样子宣泄自己内心的伤痛与情感，实在是一件非常不明智的事情。于己没有半点好处，说得不好听一点，只是徒然出丑罢了。

其实，人生本是丰富多彩的，爱情总有阴晴圆缺，谁敢说自己会一生就只爱一次？再说失恋可以让你静下来好好审视自己，让自己变得更加优秀和成熟起来。正因如此，法国人习惯对失恋的人说："恭喜你摆脱了一个不爱你的人，恭喜你失去了一棵歪脖子树却又可以面对一片大树林里的森林。"所以，虽然失恋后你的心会很痛，但也请擦干脸上的泪水，抚平心头的伤痕，洒脱地给旧爱写一封笑忘书吧！

1. 适当发泄情绪

当遭遇失恋时，别让悲痛、挫折感、愤怒一直堆积而啃食自己的身心。想哭，可关起门来尽情地哭；想叫，可找个无人之处用力喊叫；想倾诉，可找朋友或家人好好谈一谈。但发泄时千万要注意对象，不要任意找人当倒霉鬼，对他乱发脾气、伤害无辜。

2. 不要自暴自弃

失恋后，你可以发泄，可以哭喊，可以喝酒，但是不可以自暴自弃。因为自暴自弃后的恶果将把你的身体、心理、生活搞得一团糟，最重要的是你失去了自信，这样用别人的错误来惩罚自己多傻啊！

3. 刻意去想他的"坏"

恋爱是盲目的，失恋了，就该擦亮眼醒醒了。翻开情海恩仇录中的罪状日记，想想他的恶言恶行和薄情寡义，反复洗脑，务必叫自己愈来愈讨厌对方，讨厌到咬牙切齿、倒尽胃口为止（虽然分手的原因也可能是自己），这或许是让你完全抛去牵挂与不舍的最佳方法。如果这样还不过瘾，你可以找些原本就看他不顺眼或对你很愚忠的朋友，一同举行"斗争大会"，大家轮流批判那个人，让你好好发泄一下怨气。

4. 做出不在乎的样子

虽然不可能真正不在乎，但行动上这么说、这么做就会影响到内心。可以这样想："他都不在乎了，我为什么要在乎？"或是"对待负心人的最佳办法就是让自己活得好好的。"或是"你要看我难过痛苦，我偏不让你称心如意。"这些想法可帮助你不掉入恶劣情绪的漩涡。

5. 清除他痕迹

把他给你的东西一一过滤。把会让你回忆过往的东西通通丢掉，免得惹自己伤心生气。也不要去你们以前常去的地方，以免触景伤情，让自己情绪低落。

6. 不要试图和他做朋友

最好不要相信"爱人做不成可以做朋友"的话，曾经相爱的两个人让他们分手后还可以从此纯净如水坦然处之，不是玩自欺欺人的成人童话，就是你"心怀鬼胎"希望力波狂澜、重修旧好。所以，假如他已经用事实表明了分手的态度，不管尔是否多情，也不要试图和他做朋友继续交往。否则，你就好比泥足深陷，不能自拔。

7. 与老友联络

可能你在恋爱期间，"重色轻友"不与老友联系，现在恢复"单身"了，还不趁此机会向老友们"自首忏悔"？有谁会像老朋友一样又了解你、又不怪你、又包容你、又疼惜你？跟他们在一起，你不用掩饰、自在自得，全然没有失恋之后的自我否定和怀疑，有助找回自信和快乐。

8. 离开去旅行

参加旅行团或和一群朋友到异国、异地去旅行。异地的人文风情会让你耳目一新、视野拓宽，内心产生崭新的感受，旧有的烦恼就会缩小、远去、淡薄了。

放下心中的爱与恨

当一段感情结束以后，往往会给人留下两种不同的感受：爱和恨。两个人尽管是"曲终人散"，但在这中间还会有人对以前的感情难以割舍，虽然对方已经狠心地离去，但自己还是对对方保持着那份痴情，使得自己难以重新做出恋爱的选择；还有人因为一段情感的失败，由爱生恨，陷入了情感漩涡，把恨化作对对方的报复，彻底毁了自己一生的幸福。所以，面对爱情的失败，要学会处理留在心里的爱与恨。

面对爱情的失败，有人留下更多的往往是恨。很多人恨被对方抛弃，恨被对方玩弄，恨对方不再爱自己……很多人在恨对方的同时，还对对方施以报复，大有"宁为玉碎，不为瓦全"的拼命架势。一段失败的感情本来还有点凄美，本能给自己留下几分美好的回忆，结果却在自己的怨恨中变成了凄惨的事。没有无缘无故的爱，也没有无缘无故的恨。感情失败后的怨恨，其实在骨子里还是因为爱，爱到深处即生恨。但凡此类怨恨者，大都是觉得自己付出的比较多，可从对方那里得到的又比较少，这样两者就显得不对等。从某种意义上说，怨恨，就是觉得自己受了伤害、吃了亏，所以就想用攻击对方的办法来求得两者在"得失"上的一个平衡。一个男青年因女友离他而去，咽不下这口气，一天

深夜，他点燃了浇在女友家住房上的汽油，顷刻间，熟睡家中的女友及其父母、弟妹五口人全被烧死。男青年的结果也可想而知。所以说怨恨只能使人从中得到伤害、悲痛，真是伤人又伤己，到头来还是于事无补，只能把事情变得更加糟糕。

其实，因为感情失败而怨恨对方，是因为他没有想明白其中的道理。一段感情的失败，可能自己是最受伤害的人——本来已经很受伤害了，恨只会使你更受伤害。这段失败，可能只占你人生的极小一段历程，但如果因为心中有恨，那就会因此毁掉一个人一生的幸福。面对玩弄你的人和抛弃你的人，他们不值得你去恨；不要以为自己曾经付出的都是真爱，其实不一定，你今天的恨就证明你并不是真心爱对方，所以说不要觉得自己付出是多么的多。

更多的人在感情失败以后，还要继续寻找着自己的真爱。没有人喜欢还在为旧爱而大动肝火的人。一个男人为旧爱而怨恨，他不是一个大度的男人，更不是一个会怜香惜玉的男人，这样的男人有失风度；一个女人为旧爱而怨恨，她不是一个性情柔美的女人，更不是一个有品位的女人，这样的女人极容易变成泼妇。所以，面对感情的失败，我们可以有一些幽幽的怨恨，但大可不必去恨得咬牙切齿，恨得大动干戈。我们不妨在幽幽的怨恨中回味曾经的那份美好，在回味中获得爱的经验，再用心去经营自己未来的爱情。

总之，面对感情的失败，要学会消化留下的爱与恨。把爱珍藏在心里，当做自己最美好的回忆；把恨消除掉，让曾经的美好占据自己的心，学会坦然地面对爱情的失败。

爱情就在身边

大多数女人结了婚以后，承担起家庭主妇的重任。她们在管理好家的同时也渐渐失去了女儿家的柔情。身份和地位的转变，使得女人更像一个家庭的领导，不断地向男人发出指令。这样的家庭生活对男人来讲意味着什么？如何成为一位好太太？如何关心理解丈夫，用爱心温暖丈夫，用温情化解家庭矛盾？这就需要爱的艺术。

曾经有一个很要好的朋友突然打电话给我，电话那端的他情绪低沉地说："我决定向我太太提出离婚。"在离婚率偏高的当今社会，听到这种消息，我的反应并不是很诧异，意外的倒是他告诉我的理由："你知道吗？结婚这十几年来，我几乎没有和我太太有过什么共同的感动。我们不曾一起阅读过一本书，谈过其中任何一个有趣的章节。我们甚至很少一起看电影，更别提看完电影之后，曾经就其中某一个场景、某一个片段，交换过什么感动的心得。"

听到这里，我深深地感到从恋爱的天堂回到婚姻的现实，我们的爱恨情仇就像是放在显微镜下，无所遁形，而人们所能做的却是指责与抱怨。

婚姻中明智的夫妻深知：一纸婚约并不能永远守住对方的心，激

情总会冷却，浪漫总会乏味，唯有在平平淡淡中相依相守的爱才是婚姻的生命。美满的夫妻特别注重用爱提高婚姻与家庭的质量。妻子不会整天拖拉着鞋蓬头垢面地面对丈夫，她总是把自己最漂亮、最精彩的一面展现给丈夫；丈夫不会一到家就脱下臭气熏天的鞋袜，吩咐妻子倒一杯茶、端一盆洗脸水来。妻子不会以洗衣做饭养孩子为由，扔给丈夫一张倦怠的容颜、一双冷漠的眼睛、一副粗俗的嗓门；丈夫不会因事业上的失意而给妻子一张苦涩的脸、一双欲哭无泪的眼睛、一副冷酷的嗓门。他们深知丢失了对方也就丢失了一切。

婚姻中会用爱的妻子很注重提高自身的素质，她拥有自己的思想、自己的追求，这会使她永远充满活力，令她的丈夫不得不一次又一次地对她重新认识。婚姻中会用爱的丈夫，他在外干事业时，心中总装着温馨的家，并为之做不懈的努力，令他的妻子不得不感叹嫁这样的丈夫一生不悔。婚姻中会用爱的妻子明白：女人受到挫折还有丈夫的臂膀和胸膛可以依靠；丈夫明白：男人遭受失败还有妻子温柔的安慰。因此，妻子把家精心营造成一个温馨的小巢，带给丈夫以妻子的娇柔和母亲的宽容；丈夫把事业搞得轰轰烈烈，带给妻子以丈夫的刚强和父亲的伟岸，使妻子在细琐家务中得以自慰。婚姻中会用爱的夫妻深知：与第一次婚姻相比，第二次婚姻的家庭关系将会更复杂，家庭成员的沟通会更重要，夫妻间的相互接纳和适应会更需耐心，所以他们不会因为一时的软弱无助而匆忙投进另一个人的怀抱。努力做一个婚姻中会爱的人吧，让你的爱与婚姻同行，自始至终爱到婚姻那一头。

其实，当我们发誓要互相扶持，把许许多多毫不动人的日子走成一串串风景的时候，就意味着双方需要更多的爱心、勇气和责任心。有了爱心和勇气，当所有的浪漫幻想消失时，我们才会自我探索，自我检视，包容对方，接纳对方；有了责任心，我们会变得踏实而专注，我们会更爱自己的爱人和孩子，更爱收留我们所有的悲伤和快乐的家庭，我们会因为家庭的需要而更努力上进。

生活中，我们不免会对爱情产生怀疑和心生厌倦，会有无聊与无趣的感受。我们在接受生活的同时，也接受了生活的平庸和琐碎，但我们要学会从这些生活的平庸和琐碎中体会幸福。爱情进入婚姻后的生活是平淡朴实的，没有炎热和光芒，却能给你一生的温暖和感动，睿智的人会守着这一份平淡伴着自己舒适地度过无数个寒冷的漫漫冬夜。

幸福其实就是酸甜苦辣咸几种味道的混合，这需要我们自己来调剂，幸福与不幸福就看你调剂成什么味道了。人生真正的幸福就是一种对爱的感受，只要我们有一种感恩的心，幸福就会处处存在。

萧伯纳曾说："家是世界上唯一隐藏人类缺点与失败，而同时也蕴藏甜蜜之爱的地方。"一起生活，就要各自负起各自成长的责任，耕耘自己的心田，分享心灵的喜悦，当田园的果实丰收了，我们才会体会到：原来，爱就在我们身边，就在生活里，它来自平淡中的那一缕感受。

当爱情走到尽头时

当爱情终于走到尽头的时候，当他不会再对着你的新衣服目不转睛，你也厌烦了他身上的烟草味的时候，还是尽早提出分手比较好。但是如何分手，其中大有学问。正如张小娴说的那样："分手分得好，那个人会记住你一辈子，你留给她或他的依旧是美好的印象。"换言之，对你不爱的人，要硬下心肠。但也要讲究技巧，尽量不要伤害对方，毕竟你们曾经相爱过。

或许是缘分已尽，尽管自己心中对对方还有爱，但这已经阻止不了伊人留下远去的背影。于是，这段不再有的爱情，有一个人还在苦苦地守候着。很显然，很多人对于自己一段失败的恋爱，会依然放不下心中对对方的爱。对这份"残爱"的执着，往往会祸及一个人的终身幸福。

首先，这种独自保留的爱，不能说明你对爱有多么忠贞，爱的意义有时不在于无意义的执着。

别人已经不再爱你，你的爱不会有任何结果，再对对方痴情，还有什么意思呢？有的人认为，自己曾与对方海誓山盟，不管对方怎样，自己绝不有违自己的誓言，大有不做负心汉或做一个贞节烈女的架势。事实上，对爱情的忠贞是有对象的，当这个对象失去的时候，那就是愚忠。现代社会不会崇尚"贞节牌坊"，而是希望每个人都能得到爱情的幸福。有时候，在感情上不先背叛，就是对爱情最大的忠贞，两个人分手后的重新选择，那是最明智的追求。

有句话是这样说的："爱他，就抓紧他；爱他，就放开他。"很多人不明白这其中的含义。大多数人都能读懂前半部分，可是就是不明白后一句话的意思。

其实，当你爱一个人的时候，你就要努力去追求，但当他不爱你的时候，你就要任对方去寻找自己的幸福，不要因自己的介入而破坏了对方的幸福。

杨丹两年前赌气与男友分手了，其实，在她的心里，一直还爱着自己的男友，她为那次分手后悔不已。当她今天与男友邂逅之后，心中的爱情更浓烈了。可是遗憾的是，男友已是有妇之夫，自己也将嫁给他人。两个人在酒吧中相遇，一起聊起了过去，似乎又回到了从前，像是幸福的一对。在闲聊中，杨丹得知他现在很幸福，还有了一个半岁的儿子。看着他望着自己那痴迷的眼神，杨丹很理智地拨开了他伸过来的手。那一晚，他们本可以在一起，可杨丹没有给对方机会。

杨丹明白，自己有与前男友破镜重圆的机会，但这破坏的不仅是对方的幸福家庭，更伤害了她现在的男友，对自己也不利。自己虽然能得到自己的最爱，但那种爱却是很自私的。看到自己前男友现在的幸福，杨丹心里有了一丝安慰。从此以后，她不再和前男友联系，因为她不想旧情复燃。杨丹心中的爱就这样慢慢消散开去。

所以说，爱一个人，并非他的优秀，而只是一种感觉。他让你有这

样的感觉，于是你爱他。同样，他不爱你，也并非你不优秀。优秀，不是爱的理由。看看还有那么多爱自己的人，淡淡地微笑一下，也是异样甜美的。

爱情不分对与错

20岁的时候我们拒绝婚姻，30岁的时候我们向往婚姻，40岁的时候我们厌倦婚姻，50岁的时候我们宽容婚姻，60岁的时候我们享受婚姻。

有时候不是不懂，只是不想懂；有时候不是不知道，只是不想说出来；有时候不是不明白，而是明白了也不知道该怎么做，于是就保持了沉默。对于男人的"例假"现象，目前所能知道的甚少。由于社会和传统的偏见，这种现象很少引起人们重视，甚至成为男性世界里最大的丑闻。作为女人、妻子，应当正视男人的这种心理现象，并多加理解、关心和呵护，帮助男人走出困境。

克服这种情况的关键是应该迅速地放松自己。例如做些体育活动、轻松的娱乐活动、洗热水澡等等。

对于莫名其妙遭遇无名火的妻子来说，要善意地正视它、包容它、理解它；男人本身也要主动寻找缓解压抑情绪的方式，调节自己。这里提醒男人注意：一个高尚的人必须尽量避免因自己的过错而伤害别人，哪怕这种伤害是无意的。

这个阶段是男人较为脆弱的阶段，女人应从生活上给予男人更多的关心和照顾，并在饮食、起居、睡眠等方面加以调整，从而缓解男人不

稳定的情绪。

一些男人误以为，越是精神高度紧张之后，越应该用性生活来调节自己。还有些男人把某些文艺作品错当成性学著作，误以为性生活可以当作"强心剂"来用，还以此来反驳科学。其实，这是只知其一不知其二。性生活对男人的精神状态有时确实会产生调节与强化的作用，但前提条件是，男人在此时此刻必须是心理放松的，没有心理疲劳的积累，也没有那种用性生活来消愁解闷的过高期望。否则只能适得其反。

这里的关系是：放松在前，性在后，而不是通过性来放松。日常生活中常常可以发现，越是在高度紧张之后，没有自我放松就寻求性生活，性生活的质量就越低，甚至带来不良的反应和感受，影响到日后的性欲。

也有另一种情况。有些男人在从事高度紧张的精神活动时，如果时间不那么长，往往会不由自主地联想到性方面的事物，从而似乎是突然地勃发出性欲来。越年轻的男人越容易出现这种情况。这也不奇怪，因为大脑皮层的各种兴奋中枢都是可以相通的。其他方面的兴奋，如果没有造成疲劳和抑制，那么就没有什么影响。如果自己估计对后来的工作不会造成什么不良影响，时机又合适，那么顺其自然也就是了。

总而言之，对待男人的"例假"现象，男人应该正视这种心理现象的存在，有必要的话，可以与心理医生进行沟通，缓解心理压力。作为女人，应该理解和关心你的男人，尽可能地安抚其烦躁的心情。

现代人追求生活的质量，人对物质生活的美好憧憬是无止境的，但如果让女人在物质享受和琴瑟和谐二者之中选择其一，可以说百分之百的女性会毫不犹豫地选择后者，女人走进了婚姻，就把自己一生全部的希望交给了她所信任的男人。

婚后的男人也一样，他对女人不但依赖，而且听命。因为家中有贤妻关爱，男人深深感受到有家的感觉真好。家也因而成为男人"休憩的港湾""温馨的乐园"……为了不辜负妻子的期望，男人往往在事业上更加发奋，更有长进，更有出息。

"家"是女人一生所追求的最宝贵的东西。对于女人而言，家的意义就更大了。"家"是女人心灵的归属，是女人用来保护自己的庇护所，是摆脱世俗烦恼的屏障，是一个安静又安全的地方。温暖的家，更是支撑女人生命的动力。

不是爱情维持婚姻，而是婚姻让爱情永恒。"执子之手，与子偕老"，能够厮守一生，终生相伴，携手到老，躺在摇椅上听着《最浪漫的事》，是人生的一大幸事。

日本著名言情女作家、已结了婚的柴门文谈到对爱情的看法时说："现在妻子对儿女的爱更深，对丈夫的爱只是一种感情"，还说"回归家庭是女人的天性"。这让定位为最懂爱的张小娴失望，她在文章中写道："写了许多扣人心弦的爱情故事的女作家，最后却告诉我们，爱情终于会消逝。一个女人最后的归依，是家庭、是儿女。多么璀璨的爱，多么激荡心灵的情，我们流过的眼泪，伤痛的回忆，刻骨铭心的对话，情人的体温，多像是听来的故事，随风逝去……恋爱最终的渴望是婚姻，谁知有了婚姻后，女人却变成他儿女的母亲，丈夫变得生活的伙伴……来日岁月，是否太早令人吹嘘？"在张小娴看来，在婚姻里强调

亲情，大约就是对爱情已死的一种宣告，而亲情的婚姻也一定是失落的，可怕的，甚至是悲剧的。而我倒不这么理解，相反我觉得，柴门文对爱情的理解更深了。当一个人对某个学问由原来的部分精通，达到对所有部分的精通时，结论一定是不一样的。对于婚姻，我相信，没有亲身经历过的人，一定不会有深刻的领悟，即便如张小娴一样聪明的女人。

婚姻就像是参考书，没有它会让你担心学不好人生的功课，但是如果你下决心认真去学，那么没有参考书也能毕业。现代人必须面对的问题不是如何去获得美满的婚姻，而是要不要选择婚姻。

理性对待你的爱情

爱是有生命的，像一棵奇妙的植物，不要以为栽进婚姻的花盆就万事大吉了。它还需要夫妻双方为它浇水、施肥、修剪，才能保持最初的鲜亮与芬芳。

心理学家德斯考尔等人在对爱情进行的科学研究时发现，在一定范围内，父母或长辈干涉儿女的感情，这青年人之间的爱情也越深。就是说如果出现干扰恋爱双方爱情关系的外在力量，恋爱双方的情感反而会更强烈，恋爱关系也会变得更加牢固。这种现象就被叫做罗密欧与朱丽叶效应。

在莎士比亚的经典名剧"罗密欧与朱丽叶"中罗密欧与朱丽叶相爱，但由于双方世仇，他们的爱情遭到了极力阻碍。但压迫并没有使他们分手，反而使他们爱得更深，直到殉情。"罗密欧与朱丽叶效应"由此而来。这种效应产生的原因在于，青年时期是人的自我意识走向成熟的时期，逆反心理是他们的重要特征。主要表现为愈是禁果愈想吃，愈是受阻愈狂热的行动。另外，爱情是青年人心中的圣殿，也是他们成熟和独立的标志，捍卫爱情是他们共同的追求。他人的干预只会使恋爱双方消除一切隔阂，更加亲密，甚至相依为命。

美国社会心理学家布莱姆在一个实验中，让一名被试者面临A与B两个选择，在低压力条件下，另一个人告诉他"我们选择的是A"，在高压力条件下另一个人告诉他"我认为我们两个人都应该选择A"。结果，在低压力条件下，被试者实际选择A的比例为70%，而在高压力条件下，只有40%的被试者选择A。可见一种选择，如果选择是自愿的，人们会倾向于增加对所选择对象的喜欢程度，而当选择是被强迫的时候，便会降低对选择对象的好感。

为什么会出现这种现象呢？这是因为人们都有一种自主的需要，都希望能够独立自主，而不愿意被人操控。当别人把他们的意见强加在自己身上，当事人就会产生一种抗拒心理，排斥自己被迫接受的事物，同时更加喜欢自己被迫失去的事物，正是这种心理机制导致了罗密欧与朱丽叶的爱情故事不断上演。

一名将近三十的女性，一直生活在父母的呵护下，具有令人羡慕的家庭背景和教育背景，个人爱好也颇多。工作中我兢兢业业，深得领导的首肯，但个人生活却始终没有找到可以停泊的港湾。可以说，我根本没有谈过一次真正意义上的恋爱。从参加工作到现在，亲朋好友介绍的人我也见过不少，但都无疾而终。我也知道"人无完人"的道理，但对对方的缺点我就是不能迁就，尽管我心目中并没有一个框框来描述理想中的"他"。

随着身边人的陆续恋爱、结婚，无形中给了自己很大的压力，无论从哪方面讲，我的条件都十分优越，我不是独身主义者，也好想好想谈恋爱，但不知怎的就是不能进入状态。

这位朋友的困扰，道出了许多人的心声。不止在中国，在美国和世界上很多地方，都会有很多人憧憬爱情，但却没有办法坠入爱河。他们希望有那种"来电""一见钟情"或"失魂落魄"的激情。事实上，这种感觉虽然非常迷人，但从心理学的角度来看是非常危险的！

因为，当所谓的"爱情激素"（PEA，中文叫苯乙氨）被激发的时候，人常常会在意乱情迷之中失去理性。在还没有看清楚对方到底是谁之前，就把感情放了下去，产生了心理依附，进而带来许多痛苦。

根据美国耶鲁大学斯丹伯格博士（Dr. Sternberg）的研究：激情只是爱情三大成分中的一种。除了这种"火辣辣"的激情之外，还有细水长流、温暖的友情和亲密感，第三是意志上的委身，就是不管是福是祸，都要相守一生的承诺。

犹大大学的戴门博士（Dr. Diamond）的研究，是用"性吸引力"和"心理依附"两者来了解爱情关系的。其实，我认为他所提出的这两个要素，基本上与斯丹伯格博士所描述的激情和亲密感是一致的。因为，激情、性吸引力，都跟人的"性荷尔蒙"有关系。大部分时候，爱情关系都是从这个地方开始的。先有性的吸引力，然后有一种冲动，或者说强烈的动机想要在一起，最后才产生心理依附。

但是请大家想想：事实上，也有很多婚姻是先从友情和心理依附开始的，比如说中国古代"媒妁之言"的婚姻。在现在的美国，一些来自印度的高级知识分子，他们结婚的时候，仍然是由父母替他们选择对象。他们有一个相当好的折中办法，父母先替他们挑选5个人，再由子女从中挑选1个。我觉得这也不失为一个好办法：有理性的好处，人不会随

便冲动，先去彼此了解、建立友情，最后才产生恋情和激情。当两个人已经产生心理依附要分开时，就很容易产生这种感觉，所以说"小别胜新婚"是没有错的。

对于这上面所述的那位朋友的情形，相关心理学家给出了以下说法和建议。

第一，我想要了解你的父母亲的婚姻关系怎样？他们的亲密感如何？他们怎样表达他们的冲突？

第二，你跟你父母的关系怎样？是不是心理上能够感受到他们的疼爱？重点是心理上是否觉得很"亲"（或很"黏"）？

第三，你跟你的朋友们够"亲"吗？你有没有至交好友？有没有可以吐露心声的人？你与好友分开时会不会依依不舍？

因为，如果一个人不了解自己的情绪跟别人的内在情感世界，他就没有办法跟别人建立那种"心连心"的亲密感。其实，我们开始谈到了EQ，就是"情商"。

你说亲友们所介绍的人中没有一个你喜欢的。我认为这没有问题，我们不要勉强去喜欢谁，人不可以被勉强去喜欢别人的。事实上，压力越大越糟！所以这种情况我个人觉得OK，你不要担心这件事情，我也不认为是因为你标准太高。

但是，刚才我问的那些问题很重要。除此之外，我还想问你在这一生中有没有曾经喜欢过什么人？这个问题也很重要！因为人性使人在成长过程中，会喜欢上老师、同学，甚至爱上电影明星……这些都是很正常的现象，重点是：有没有喜欢过？

最后，心理学家认为重点是：不要因为你的朋友都在婚姻中，你就有压力，因此而受到这样的"精神侵略"。因为压力越大你会越糟，其实三十几岁，我觉得都还很年轻。不见得非要赶快结婚、然后离婚，然后又结婚，对不对？心理学家觉得，人生要随缘，要放松一点，甚至有些人到六十岁才找到他们的灵魂之伴侣呢。

所以，心理学家鼓励她先放松一些，去做一个快乐的单身。你说你工作非常努力，但是请你千万千万不要把爱情当成是一种非成功不可的工作。因为，如果你越把它当成工作，与找到成就感的结果就越反其道而行之。你越放松，越能够随缘，爱就越容易出现。这是人间很有意思的道理！

另外，你还提到你个人有很多喜好，我非常喜欢这一点。继续发展自己的兴趣，让生命过得更丰盛，练好自己的"彩绘笔"，等到好的风景出现时，你才会画得更好！我还建议你去参加一些兴趣团体，当然，参加婚礼也很好，因为婚礼活动中，也会有比较多的适龄青年，认识人的机会可以增加。这些活动都帮助你创造一个快乐、有意义、有生命力的人生。同时，在发展自己内在美与兴趣而并不是刻意寻找的时候，很多更合适你的人会被你吸引。

更为重要的是，你要知道爱情不等于婚姻。婚姻是实实在在的过日子。风花雪月的爱情，是不能当饭吃的。父母总比我们想得长远些，所以，他们的顾虑自然也就会多一些。不被父母认可的爱情，真的应该慎重的考虑清楚。父母不认可自有不认可的理由，天下父母没有一个不希望自己的子女将来过得幸福。如果你选择的爱情，在父母眼里，没有最

起码的安全感，让父母看不到你们美好的未来或者更好的前景，他们自然会站出来反对，不接受你所选择的爱情，因为他们不放心。

或许父母确实在你们的婚姻话题上存在着某些错误或者彼此不同的观点，但是，不管怎么说，他们的出发点都是好的。你要理解他们的良苦用心，然后尽可能地去消除他们的顾虑，赢得他们的支持与祝福。就像陈燕和陆飞那样，做出点实实在在的成绩来，再顽固的父母也不会不通情理的。

恋爱中的人们不要被"罗密欧与朱丽叶效应"所困扰，如果你认为选择的是一个可以托付终身的人，就不要害怕别人的阻挠。理性地去跟父母沟通，在你需要父母理解和支持之前，你首先要先理解自己的父母。耐心地向他们讲述你们的爱情以及为了幸福婚姻而奋斗的决心。当你决定要积极、坚强地面对自己的感情和生活时，我相信总有一天你的父母也会为之动容。

爱情需要随时维护

不少女性到失恋时，再来维护自己的爱情已为时太晚，于是哭闹、不甘、寻死觅活、报复，还有就是破口大骂：这个时代没有一个好男人。而那些男人则可能一脸无辜地摊开双手，耸耸肩膀说："好傻，我有什么办法？"爱一旦遇上问题，就有这么一个大问题：男人坏还是女人傻。

其实，对方永远只是一部分。要有自己的社交圈子，别一谈恋爱就原地蒸发，和所有的朋友都断了往来，这只会让你的生活越来越狭窄。

不要以为你告诉了他，他就会按照你的要求去做。当我们希望是到既定的结果时，一定要为对方的接受程度考虑。比如他在刷过牙后总忘记把牙膏盖盖上，你就多说几句"请"，而不要向他频频甩出"不要""不准"之类的话，那样他一定会欣然接受，而不会恼羞成怒，破罐破摔。

每对夫妻都是怀着"白头偕老、永结同心"的美好愿望走到一起的，但生长自不同环境的二个人，无论心灵如何契合，都难免会有冲突。这时，有的夫妻之间便总想改造对方，想让对方按照自己的意愿行事，对方稍有不从，心里就不高兴，甚至大发脾气："你最好改改脾

气！""你为什么不能勤快一点？"

不管你在家里把老公当电饭煲还是当吸尘器，一旦涉及他的面子时，一定要小心谨慎，就像手捧一件古老、珍贵的瓷器。给他足够的面子，才能获得"高额回报"。

可"江山易改，本性难移"，何况人还有一个重要的潜意识的心理追求，那就是要有自己的自由空间，不想受到他人的干涉。因此，夫妻之间相互"改造"的结果常常适得其反，被"改造"的一方不仅丝毫没变，还被诱发出强烈的对抗情绪，凡事针锋相对。时间长了，矛盾日积月累，恩爱全消，不少夫妻因此分道扬镳。

一个人的习惯是多年来形成的，不可能一下改变，况且许多习惯无所谓"好"与"坏"，也并本是原则性的问题。所以，夫妻双方爱情要长久，就不要妄图去改变对方，要求对方按照自己的意愿来生活，而应该学会改变自己以适应对方，如丈夫爱吃大蒜、辣椒，你不必要求他戒除，或者干脆自己也学着吃一点，这样做不仅可以消除许多摩擦，还能促进夫妻关系和睦。

冯媛就是利用这个办法将曾经几乎破碎的婚姻挽回的。恋爱时期，丈夫对冯媛说得最多的一句话就是"我爱你"。当走进婚姻以后，冯媛就想让他用实际行动证明给自己看。

可是，结婚头几年，冯媛与丈夫之间却总是磕磕碰碰，两人常常为了一点微不足道的小事就闹矛盾，甚至闹到要离婚的地步了。为什么会这样，冯媛苦苦寻求答案。最后她发现问题的症结所在，那就是他们两人都想改变对方，让对方适应自己，且互不让步。

后来冯媛想，我既然深爱着丈夫，为什么就不能为他改变，以适应他呢？于是，她开始努力调整自己。丈夫不愿逛商店，冯媛就不再勉强他而一个人去；丈夫喜欢独处，不喜欢朋友到家里来造访，冯媛就主动去看自己的好友，尽量在外面同友人相聚。

一段时间后，冯媛发现丈夫也有了很大变化，他开始主动提出陪冯媛上街；冯媛的朋友到家里来玩，他热情相待……不知不觉，小两口又变得恩恩爱爱，冯媛常常幸福地在丈夫耳边低语："你对我真好！"而这时，丈夫也总是把她拥在怀里，深情地说："你为我改变了自己，我更应该为你改变自己啊。"

是啊，人在一生中，如果你不能改变你周围的环境，使环境适应你，那么你就要改变你自己，使自己适应环境，否则，你将无法生存。夫妻之间也是如此，如果你改变不了对方，不能使对方适应你，那么你就要改变你自己，使你自己适应对方，只有这样，夫妻之间才能和睦相处。如果你既改变不了对方，也改变不了你自己，那么，你们之间的差异会随着时间的推移越来越大，最后导致夫妻关系的名存实亡，甚至会走向离婚的悲剧。

给爱情一个自由的空间

爱情是需要空间的，尤其是在两人密切的结合之中保留些空间，这样才能让天堂的风在你们之间舞蹈。彼此相爱，却不要使爱成为枷锁，让它就像我在你们灵魂之间自由流动的海水。

但是，很多人却不懂得这个道理，他们不给爱情空间，甚至让父母来把这个空间挤得死死的。

林晓晓是家里的独女，她的婚姻，父母自然是要"把关"的。那一段时间，林晓晓交往一个有妇之夫。他以每天一封信的"频率"向林晓晓示爱，林晓晓也陶醉在他的"甜言蜜语"里。父母很快便得知了此事，他们严厉地对林晓晓讲："他有老婆，你不能和他交往，不然，就是毫无道德地充当了第三者！"一语惊醒梦中人！于是，林晓晓对那个大自己好多岁的男人讲了一句她自己都挺感动的话："我情愿你说你更爱你的妻子。"没有开始，就已经结束，林晓晓欣慰地想："还好，我没有当第三者。"

后来，林晓晓又认识一个外表英俊、年龄相当的男孩，他每周都要抽空到林晓晓家玩，他对林晓晓说："从普通朋友做起，以后再发展成为恋爱关系，再组织家庭。"林晓晓鹦鹉学舌一般告诉老爸老妈，二老看出问题了："他年纪轻轻，却没有正当的工作，他靠什么来生活？他有什么资本来'组织家庭'？有家的男人很幸福，可养家的男人多辛苦？你不能昏头！连做普通朋友都要谨慎。"在接下来的交往中，男友读出了林晓晓父母"拒之千里"的意思，不好意思上门，就让林晓晓去他家。那天，林晓晓第一次去了男孩家，到了之后，只见房子是那种简陋的毛坯房，没有装修，里面的家具更是少得可怜，只有一张小床、一张桌子以及一些必需的生活用品，没有电视机、电冰箱，唯一贵重的家庭用品是一个取暖器……林晓晓有些震惊！说实话，她还没有看见同龄的朋友有这种生活状态的……想起父母的话，林晓晓庆幸没有做出让自己后悔的事，如果不听父母的话，和他在一起一时冲动，而他既没有工作、没有收入、也不图进取，那不是要喝"西北风"吗？后来，林晓晓礼貌地跟男孩分了手，这样做并不是因为"嫌贫爱富"，而是因为林晓晓明白：他给自己的爱，是一份不及格的爱。

对于子女而言，父母既是教导的严师，也是把关的大门，他们拥有丰富的阅历和经验，能为子女提供最有参考价值的建议，并能严防子女不误入迷途。就算是讲究"门当户对"，也是为了让子女"平起平坐和所爱的人相爱"。更重要的是，从旁观者的角度，父母更清楚你的为人和个性，知道什么样性情的人会适合你。所以，想找到理想的伴侣，不妨对父母来"把关"。

当然，父母在为子女"把关"的过程中绝对不能带着"有色眼镜"，否则选出的结果就不是"真金"而是个"赝品"。

作为你的父母，在你恋爱时，不管做出怎样的反对，他们最终目

的，也只是希望自己的子女能有一个美满的婚姻。在你婚姻自主的同时，也要顾及父母的感受，在自己幸福恋爱的同时，也要让父母感到欣慰，这样，爱情才会更美好。

有些时候，爱情是我们手心的气流，抓得越紧，它逃逸得越快。所以，我们要给爱情留白，只有空间适当，爱情才会健康成长；又有些时候，爱情是我们心灵上的风景，只有处于确切的位置，才能读出它的韵味。我们要和爱情保持一定的距离，学会多角度、多层次地欣赏它，这样的爱情生命才会长久。

衡量爱情的距离

我们知道，婚姻自由在中国已经很普及了。在爱情的道路上，父母往往都会给子女一定的自由选择的空间，他们让自己的子女选择自己最爱的人。可是，他们很多人也会左右子女的爱情选择，父母的意见往往成了年轻人在爱情道路上的一道门槛。

从前的相亲结婚，父母亲的意见占有绝对的地位，有时与本人的意见相左时，也只能含泪委屈结婚。如今社会的进步否定了婚姻上的父母之命，所以当事人的自我决定为第一要件，这是可喜可贺的。但自由恋爱中，有时也有走到另一个极端的做法，即完全随自己的意，而完全排斥父母的意见。结果，一些人踏错了人生第一步，以后便尝尽有如地狱般的苦楚。

我们知道，作为父母来说，为了子女的幸福，应该给予子女在恋爱、婚姻上的自由；但作为子女来说，在对象的选择上，能赢得父母的赞许也是爱情美满的关键。可以这么说，爱情往往都不能纯粹地撇开父母的意见。

作为父母来讲，给女儿选夫婿，所有的父母都非常重视，一到了适婚的年龄，他们早就闲不住了，东家说，西家问，但凡有年纪相仿的未

婚男青年，都要问问，"对方的条件怎样？"以备作自家女婿的人选。

现如今，主流的标准通常是：要有稳定的收入，上过大学，长相要好，个子要高，要有责任感，家庭条件要好，父母要有退休金和保险……对大多数父母来说，标准就是衡量一个未来女婿好坏的最重要的条件，甚至要用这个"标准答案"来为未来女婿打分，但凡高分者必是未来岳父岳母眼中的"金龟婿"的上佳人选。

而对女孩们来说，也会对未来婚姻中的另一半充满幻想："我希望以后的丈夫是一个个子很高，长相很帅气，家里有钱，自己有事业，有爱心，很宠爱我很爱我的完美型男人。"年轻的时候我们还会特别羡慕言情小说里的那些女主角——总是会和人们理想中的完美男人结为连理，从此过上幸福的生活。故事通常到此结束，完美的大结局让我们对未来的婚姻生活充满了期待。不管是女孩子自己还是她们的父母，都希望嫁给一个综合分数高的男人，去完成一本现实版的言情小说。

但生活的现实版与小说大相径庭，怀揣这类幻想的女孩子们决是难以如愿——或是羡慕那些嫁给"十分"男人的女人，或者在与"十分"男人结婚后发现自己并不幸福。

前者的内心会有诸多的怨恨，会为自己感到不甘，悲叹自己的运气不好，怎么没有嫁给更好的男人；后者八成也会终日惶恐不安，总要提防这个"十分"男人被更优秀的女人挖了墙角。而这些"十分"男人的优越感多半也会在平常的生活中流露出来，让女人感到压抑。

其实，不管是"十分"，还是"九分""八分"，都只是大众化标准，每个女人都是不同的个体，适合她们的男人自然也不同，实在不必把大家认为的"标准"附加到自己身上，也许适合别人的理想标准并不适合你，别人眼中的"条件不错"固然是需要考虑的条件之一，但绝不是决定性因素。因为选择婚姻与选鞋子一样，合不合适只有自己知道，最忌贪图鞋的华贵而委屈了自己的脚，不管从哪个角度来说，脚都比鞋重要得多。

有个网友在失恋后大彻大悟道："他很帅，却不是我的菜"。这句话其实具有普遍意义，得十分的男人未必真的适合你。婚姻最高的境界不是找到那个条件最好的人，而是找到一个合适的人，过上和谐的生活。

其实，男女在爱情的选择上，也应该要为父母考虑一些。现在很多年轻人在家都是独生子女，父母对孩子的期望非常大，像谈婚论嫁这样的大事，对于深爱着子女的父母来说，他们无法完全让年轻的孩子独自做主。再者，按照中国人的传统，孩子所选择的对象，是自己年老时的半个依靠，有的还可能是自己家业的继承者。所以，子女的爱情选择，更多是考虑的爱，而父母会为子女考虑得更多。这样，现实中很多人在选择自己的所爱时，往往会与父母的意见产生分歧，这给两个人的相爱增添了障碍。生活中往往会存在这样的现象，面对子女的选择，父母不提出反对，但也不会流露出欣喜，这往往会造成以后生活的矛盾。更有较为极端的父母，他们会明确向子女提出反对意见，让子女在爱情的道路上进退两难。

在前面我提到的《罗密欧与朱丽叶》的故事几乎人尽皆知：罗密欧与朱丽叶相爱，但由于双方是世仇，他们的爱情遭到了极力阻碍。但

压迫并没有使他们分手，反而使他们爱得更深，直到殉情。心理学家把这种爱情中"越是艰难越向前"的现象称为"罗密欧与朱丽叶效应"，即：当出现干扰恋爱双方爱情关系的外在力量时，恋爱双方的情感反而会加强，恋爱关系也因此更加牢固。这是有关爱情的一种"怪"现象。

心理学家德斯考尔等人研究发现，在一定范围内，父母或长辈越是干涉儿女的感情，这对青年人之间的爱情也就越深。这主要是因为对于越难获得的事物，在人们的心目中地位越重要，价值也会越高。心理学家以阻抗理论来解释这种现象，他们指出，当人们的自由受到限制时，会产生不愉快的感觉，而从事被禁止的行为反而可以消除这种不悦。所以才会发生当别人命令我们不能做某事时，我们却会反其道而行之的现象。

其实我们应该理性对待"罗密欧与朱丽叶效应"：外界阻挠越大越要爱得"荡气回肠"。或许在旁观者的眼中两人的爱是"轰轰烈烈"的，但出人意料的是，这种情况下成就的婚姻很多最终都走向了离婚。这就是因为受外界阻力而激发升温的爱情，往往经受不住悲伤的考验。两个人一旦遇到悲伤的挫折，爱情就非常容易产生裂痕。

另外，心理学家研究发现：两个人能真正从相恋到走在一起，那么就应该得到父母的许可和祝福。可以想象得到，如果自己的恋爱不被自己最亲近的人所接受，那么爱情会在甜蜜中透着几分苦涩，任何人都不希望自己有这样的爱情。所以，在两个人恋爱时，不仅要赢得对方的爱慕，更要学会赢得对方父母的喜欢。而赢得父母的祝福，又是相爱的两个人要共同努力的事。不能得到父母祝福的爱情不是幸福的，但很多父母反对你们的爱情，他们也只是希望子女能更幸福，赢得对方父母的信任，给予你所爱的人以幸福，就会赢得父母对你们爱情的祝福。

成就你的爱情路

欣赏一幅油画，太近了看着不大像画，太远了像画又看不清楚，只有不远不近，恰到好处，才能看出"效果"——婚姻之道也是如此。

男女在谈恋爱阶段，由于不是天天在一起，形影不离，所以相会相聚才有新鲜感。男女双方都处于一种狩猎心态，为了追逐到"猎物"——对象，常常会使尽浑身解数去取悦于对方、吸引对方，像孔雀开屏，像鸟类展示美丽翅膀、羽毛乃至好听的声音等等，其目的就是要把"对象"抓到手。初恋的情愫所以缠绵，令人陶醉，一个重要因素就是恋人之间，时合时离，时聚时散，让人感到似有却无，欲得若失，令人遐想联翩。

这正如心理学家鲁宾所得出的观点一样：男女对对象的爱情得分是一样的，但女性对自己对象喜欢的程度比男性对自己的对象喜欢的程度要略高；男女对同性朋友的喜欢程度是一致的，而女性比男性更爱自己的同性朋友。这就是我们经常看见女孩子们可以一起牵手走路，甚至喜欢挤在一张床上睡觉，说悄悄话，却很少看见男生这样做的缘故。

而对于结了婚的男女，分别与昔日生活在一起的父母或同事、伙伴们分离开来，双双住进了精心布置的新房。由于两人朝夕相处，没有了距离，一切都不再是雾里看花，失去了那种朦胧的美感，时间长了，自然而然产生了倦怠。以前的她偶尔要要小性子、发发嗲，你当作天真、好玩，婚后她再这样你就觉得她长不大、太腻人；以前的他不拘小节、洒脱不羁，如今在你眼里这些却变成了邋遢和不修边幅。

正如心理学家赫尔岑所说："人们在一起生活太密切，彼此之间太亲近，看得太仔细、太露骨，就会不知不觉地，一瓣一瓣地摘去那些用诗歌和娇媚簇拥着个性所组成的花环上的所有花朵。"夫妻之间能够朝夕相伴那是幸事，但也要注意给对方留有空间，与对方拉开一点距离，给对方一些自由，使双方保持各自的神秘和魅力，让相互的爱情在若即若离、不冷不热中久远维持。由此，我想起了人们常说的"爱情幸福递减率"，这个定律告诉我们：在我们处于较差的状态时，一点微不足道的事情可能会带给我们极大的喜悦；而当我们所处的环境渐渐变好时，我们的需求，我们的观念以及欲望等都会发生改变，同样的事物再也不能满足我们的需求，我们在其中再也找不到当初的幸福感了。

有很多关于"幸福递减定律"非常出名的例子：走在沙漠里的人，如能喝到一杯水，就会感觉幸福得像上了天堂。而当他历尽千辛万苦走出沙漠，来到泉边时，喝第一杯水感觉很甜美，喝第二杯水感到很清凉，等到喝第三杯、第四杯水就会感到很饱胀，如果连续不停地喝，最终会成为一种负担。

一个男青年虔诚地用草编成戒指，给心仪的女孩戴上，两个人觉得这一刻就是人间的天堂。多年后，当他们步入中年、有钱有地位之后，丈夫再给妻子买多少钻戒，都不如当初那枚草戒指带给他们的幸福。

许多观念和现象的深层内涵其实也是因为幸福感有着递减的规律，比如物以稀为贵；没有得到的东西才是最好的；饿时糠如蜜，饱了蜜不甜；喜新厌旧；不识庐山真面目，只缘身在此山中等等。

相爱的人在婚姻生活的摩擦中，热情越来越少，枯燥乏味的感觉越来越多；原本英俊潇洒的丈夫忽然之间冒出了诸多毛病，使你越来越失望；本来温顺的、善解人意的妻子慢慢变得唠唠叨叨、不懂体贴，使你越来越心烦。其实这并不是爱出了什么问题，也不是丈夫或妻子出了什么问题，而是婚姻的"幸福递减律"在发生作用。人们常说"婚姻是爱情的坟墓"，当由爱相系的两个人改成由婚姻拴在一起，经过一段时间的全方位接触，新奇变得不再新奇，优点变得没有光彩，缺点日益突现，同样的一个人吸引力越来越小，于是幸福感和满足感越降越低，直至为零。

控制婚姻"幸福递减律"的有效方法就是欣赏。因为爱就是欣赏，没有欣赏就没有爱，没有了爱就谈不上幸福的婚姻。所谓的"婚前睁大两只眼，婚后闭上一只眼"，不过是有些人消极与无奈的感叹，没有多少哲学价值和指导意义。积极的婚姻处世态度是在睁着两只亮眼的同时睁开第"三只眼"——专门用来欣赏的"慧眼"。

任汉林和李薇是大学同班同学，任汉林英俊潇洒，而且才华非凡，毕业后找到了一份在报社工作的好活。而李薇漂亮活泼，也是一位"才女"，大学毕业后留校任教。两个人在工作一年后就结婚了。无论是"软件"还是"硬件"，按说两人是再般配不过的了，可是结婚不到两年，两个人就闹出了不少大大小小的"战争"，以至于发出了"联合声明"：离婚。

看着夫妻俩由恋爱到结婚，心满意足的双方父母坐不住了，打电话把他们叫了来，问两口子究竟有什么解不开的死结，非得一剪刀剪开不可。

李薇哭着说："他毛病太多，又懒又不着家，整天在外东颠西跑，回家来不帮着干活，写那些烂稿子，晚上睡觉不洗脸不洗脚倒头就睡，还爱乱发脾气。这日子没法过！"

任汉林也气呼呼地说："你呢？把钱卡得死死的，不许干这不许干那，自己倒好，成天又是洗面奶又是口红又是香水，没事就爱唠叨，话稍微说得语气重一点就又吵又闹。你什么时候关心过别人？"

"我就是不关心你！也不看看你那副德行！还自诩不修边幅……"小两口又开始拌开了嘴。

李薇和任汉林的情况属于典型的"幸福递减律"者。生活中我们经常会看到这样的夫妻，恋爱时甜甜蜜蜜，可是一结婚就变了样，三天一小吵，两天一大吵。那么夫妻间应该如何控制婚姻的"幸福递减律"呢？那就必须注意以下六个方面：

第一个方面：认清自己。

首先对自己要有一个比较全面、清醒的认识，才可能保持冷静，从而理智地审视自我，审视婚姻。一味地夸大自己的好处，夸大自己的付出和需求，不可能有效地控制自己的心态和情绪，也不可能全方位地、公正地看待对方，最终只能导致心态的严重失衡。

第二个方面：多站在对方的角度思考问题。

面对夫妻间的矛盾和纠纷，如果只是强调自身，抵制或者排斥对方，只能越想越愤愤不平。同样的问题，也许换一个角度，尤其是站在对方的角度进行审视，会是另一番景象。

第三个方面：爱是双方共同的责任。

大多数夫妻都是经历了恋爱才走到一起的，婚前的爱情正是婚姻的感情基础。爱既是相互的也是共同的，正是在相互的付出中支撑起共同的价值追求，在共同的建设中实现相互的需要。建设家庭、评价对方都应当以夫妻间已有的爱为基础，如果忽略这一点，那么一切都可能无从谈起。

第四个方面：给配偶以肯定性评价。

在适当的时候，对对方的优点给予当面的充分的肯定、表扬甚至夸大式的赞许，这对对方来说往往意味着你对对方的认可、知心和爱。

第五个方面：从对方的缺点和不足中发掘好的一面。

对方的缺点和不足从这个角度看也许难以接受，但从另一个角度也许正是他善意的、良好的表现。比如懦弱平庸的丈夫不会让你提心吊胆，泼辣粗心的妻子不会在小事上算计让你感到别别扭扭等等。

第六个方面：相互扶持，共同进步。

每个成功的男人后面都少不了一个女人，每个成功的女人后面也少不了一个男人。执子之手，才能"与子偕老"。

幸福是需要提醒的，因为人们常常身在福中不知福。正如有人说的："我以为幸福刚刚开始，其实错了，幸福一直都在身边。"人世间，两个人从相遇、相知到相爱，是一件多么不容易的事情，所以夫妻之间更要珍惜在一起的缘分，不要忽视了身边的幸福，让幸福从我们的生活中悄悄溜走。想一想沙漠中的口渴，只有回忆过去的苦，才知现在拥有的甜。

心理学家指出：爱情也就像拥有物质一样，人们从获得一单位物品中所得的追加的满足，会随着所获得的物品增多而减少。同一个人在不同时间里会有不同的感受，同样的物品对处于不同需求状态的人，其幸福效应是不一样的。人们对同一事物幸福的感觉，会随着物质条件的改善而降低。举个简单的例子，一个很饿的人在吃第一个馒头的时候是最幸福的，当他吃第二个馒头时，这种幸福的感觉就会变淡一些，等吃到第三、第四个的时候，他已经饱了，所以对馒头的味道已经变得麻木了，第五个、第六个时他已经很撑了，馒头好吃也不想吃下去了。当吃到第七个馒头时，他肯定会觉得实在很难吃，不仅再快乐，而且会成为一种负担。

所以说，在我们面对爱情时，我们要注意到，当最初的狂热消失后，相爱的人之间会遇到越来越多的问题，双方开始对单调乏味的生活感到厌倦，开始抱怨彼此的行为，对未来美好期望也开始有所动摇。其实他们的生活是没有改变的，只是他们的心态变了。就像那个吃馒头的人，馒头的味道没变，只是因为一直不停地重复吃一种东西，就会心生厌倦。自然，他们的幸福感就会逐渐降低。

爱情是简单的

爱情心理学的研究表明，当一方对另一方产生爱慕之心以后，总希望能够经常出现在对方面前，以便引起对方的注意。但是由于自尊、矜持以及社会评价等因素的制约，又不愿让对方发觉自己是故意这样，因而往往装出"无意""偶然"的样子作为掩饰。一旦这种"偶然"经常发生，那你就有必要多想想了。

比如，在大学校园里，每次当你和同伴在幽静的木荫道散步时，他经常"偶然"在那个时刻恰好也散步来到你面前。在食堂吃饭的时候，他经常"偶然"地坐在你习惯坐的饭桌旁边和你攀谈，注视着你，甚至还会把好吃的东西让你品尝。在开会时或在看电影时，几乎每次他都"偶然"坐在离你不远之处，甚至会和你的座位挨着。在下班的时候，他经常"偶然"在门口遇见你，并且每次都要"顺便"和你同行一段路，尽管这会使他绕远多走路。特别是你若试探地改变一下你的活动路线和时间，他也同样会"偶然"地随之改变。那么，这种"偶然"大概就不是偶然啦，很可能是他在有意地引起你的注意了。

相信不少人都有过这种美妙而又苦心的体验：悄悄地爱上了一个人之后，可是却恐"落花有意，流水无情"，只好保持缄默，只好自己着急、苦心。其实我们的生活中既要有爱情，也要有友情，你不能把自己圈在一个两个人的世界里，你爱他，不等于要完全依附于他，你也有自己的生活圈，有自己的主张，你应该享受爱情，但是不等于要做爱情的奴隶，你的生命不是爱情的抵押品，适应地给对方一些自由，或许会给爱情增加一点润滑剂。

一般来说，人们对自己特别喜爱的东西总觉得看不够，并且希望能够经常看到。一旦"意中人"出现了，他的目光更会不由自主地被吸引过去。只是当双方还没有明确说出心思时，这种目光常常是悄悄射向对方的。

在工作间隙你偶一回头，会突然发现有一双明亮的眼睛在注视着你。在单位集会的场合，你也会发现他的目光正从许多人头的空隙处凝视着你。总之，只要有他在场，你总会觉得有双眼睛在盯着你，有时又会一闪而过。

同时，你也会感到他的目光与别人的目光不同，它带着一种凝视的力量，带着希冀和温情，似乎要把你的视线吸引住，使你心动。这是因为，眼睛是心灵的窗户，许多无法用语言表达的感情，都可以用眼神传达。据对行为信号的剖析研究，人们如果看到动心的事物，瞳孔便会无意识地放大，当双方无言相对，而对方却一直看着你超过6秒时，你会产生对他的特有注意，甚至会感到不自然。可见目光在传达感情上那么重要。正因为这样，目光也为你了解对方的心灵提供了信息。

所以，当你发现他的目光经常在注视你时，应明白这是传达信息的好时机，倘若你对他也有"意思"，不妨试着也将自己的目光投向对

方，同时报以深情的微笑。如果发现对方的目光不但不躲避，却显得更有神采，那么，至少可以断定，人家对你已产生好感。但是否是表达爱慕之意，还需要用其他表现证实。就连你烫个头发，染个颜色，打个耳洞之类的事情都需要得到另一方的批准，他一旦不喜欢，就得乖乖的就此作罢。这样的爱情失去了它本来的色彩，未免也太自私了。

爱情不是以自我为中心，作为女人，应该开阔自己的视野，不要把有限的精力全部投注到某一点，应该有自己的工作，自己的朋友，也有自己的人生价值要去实现，爱是自主的，适当的自由不等于背叛，不要爱得迷失了自我。

爱情就像织毛衣，建立时一针一线，千辛万苦，拆除时只需一方轻轻一拉，曾经最爱的人就变成了最熟悉的陌生人。这件毛衣的线头，就拽在两个人的手中，幸福还是痛苦，往往就在一念之间。

生活赋予人很多很多精彩，要去学会享受生活，去感受每一缕阳光的温暖，去感受每一丝微风拂面，让生活丰富而充实，不要把自己变成一个整天围着老公团团转的小女人。

诗人契诃夫曾把爱妻比喻为月亮，但他却不愿爱妻夜夜出现在他的房间。有人戏称夫妻最好"等距离相交，远距离相处""距离产生美"，这话不无道理。就像冬天的刺猬，接近了会伤害到对方，分得太开又取不了暖，夫妻还是亲密有间、不即不离为最好，这样做在一定程度上可恢复恋爱时的那种朦胧美，增加夫妻之间的依恋感。

何况，夫妻两人都给对方留有空间和自由的同时也解放了自己。因为一颗心不用系在他的身上，你有了时间去和朋友、同事聚会聊天，或去充电学习，或去美容健身，每天衣着光鲜，妩媚动人……慢慢地，他开始担心，你怎么不在意他了？他开始收回飘忽游离的眼神专注在你的身上，这就是亲密有间的魔力，是你保留的那段空间，拉开的那段距离让他看到了你的风景。人都有视觉上的疲倦期，有些风景总在眼前，习惯了也就感觉不是风景了。

爱情带给我们的幸福首先是心灵的幸福，只要有一颗能感受幸福的心就能创造幸福。简单真实的一生是幸福的一生，淡泊宁静的一生同样是幸福的一生。"我能想到最浪漫的事，就是和你一起慢慢变老，直到我们老得哪儿也去不了，你还依然把我当成手心里的宝。

第三章

走出爱情的障碍

爱情需要理解

乌埃雷说："有些花朵虽美丽却并不芬芳，有些女人虽美丽却并不可爱。"萧伯纳说："只追求容貌的婚姻通常只是一种庸俗的交易。"所以，女人要成为丈夫眼中最美的女人，重要的不是容貌。诚然，美丽是男人在女人身上很看重的东西，但是，爱情不是看海报，也不是一夜情，当美貌引起的吸引力淡去的时候，如果每天面对一个迟钝、笨拙的妻子，男人的生活怎不无聊乏味？

有句西方谚语说："爱情让人蒙上眼睛。"处于婚姻中的男男女女，他们的眼睛更是被自己蒙得严严实实，并且还都觉得自己心明眼亮。其实他们认为异性想得到的东西，和对方真正的渴望有着天壤之别。

男人最在意什么？有人说，男人最在意自己的事业是否"成功"；也有人说，男人最在意"性"……还是俗话说得好：人要脸，树要皮。男人有自己的尊严，要得到人们的认可。当男人护着面子让感情甚至理智靠边站的时候，受伤的就是女人自己了。女人，别伤男人的面子。

在现今的社会里，女人早已不是依附于男人而生存，这已经让有些男人心理失衡，如果再不给男人面子，家庭生活必定会是矛盾重重。倒

不是说男人的心态不好，几千年来造成的问题不是一朝一夕就能烟消云散的。女人不再是过去唯唯诺诺的女人，女人是可以自闯一片天地的女人。男人爱面子，这是男人需要一层绿荫来庇护的心理，是男人积蓄力量的一次调整，是男人在尴尬境地时的保护伞。

男人时时处处都在捍卫面子。丢掉面子的男人一是变得疯狂，二是变得超然物外。无论走到哪个极端，其实对女人都很不幸。聪明的女人肯花心思维护自己男人的面子，把两个人的小氛围经营得越发和谐。

古代有一个女子，有人给他介绍男朋友。介绍人对她说，她家东边的一个男子，这家人很富有，但男孩长得不英俊。同时，她家西边也有个男子，人虽然长得俊，但家很穷。女子听后心里很矛盾，难以选择，她就问介绍人："那我能不能吃在东家睡在西家呢？"这个"东食西寝"的故事着实让人忍俊不禁。在现实中，真有很多女孩儿不知道该用什么标准来选择自己的意中人。从古至今，人们把爱情看得都很神圣，特别在现代，到了嫁娶年纪的男女，在选择自己的另一半的时候，他们往往都想找到这个世界上最好的人。为了找到自己最佳的人选，有很多人因此迟迟没有步入婚姻的殿堂，他们早就过了最佳的婚嫁年龄，究其原因，也就是还没有找到最好的人。

不可否认，总会有更好的人在自己的眼前出现，如果有人因为这个而错失了自己的婚姻，那是非常愚蠢的。因为社会总是在进步，优秀的人会更多地涌现出来，这是一个必然的结果。这样，就永远会有最好的人出现，你也永远找不到你心中最好的恋人，因为你所要求的最好太绝对了，这样的人根本不存在。

很多人就在这样的等待与选择中错失了很多美好的姻缘，使得他们的年纪越来越大，找对象越来越难，最后只有草草地选择一个，使得自己的婚姻了无趣味。

所以说，在选择自己另一半的时候，不要这山望着那山高，更不要没有标准地、盲目地期待"最好的"出现。在面对人生这个重大选择的时候，只要学会全方位考察，这样就能选出最好的。

实际上，男人要的也正是女人想要的，他们需要一个完整独立的伴侣。

男人喜欢自给自足、自食其力、充满自信的女性。男人希望女人是因找伴侣的需要而选择他们，而不是在物质及感情上，像抓住一根救命的稻草般地死缠着。男人需要女性积极活跃、独立自主，并且拥有自己的朋友和爱好。同时，男人也会渴望与一位富于爱心的伴侣共度时光。

女人认为男人不愿女性依赖他们，甚至有的女人认为男人不需要或不珍惜他们在一起度过的时光。女人相信如果向一位男士表示她需要的他，就如同给对方泼了一盆冷水，他会对自己失去兴趣，也可能会逃之夭夭。

所以说，婚姻中的男女，是要牵手共度一生的伴侣，相互的理解、认同、帮助和支持是最为重要的，心能想到一块，婚姻才能天长地久。

正视你的爱情

女人的感情较男人脆弱，男人则大大咧咧一些，要男人完全照顾到女人的心思，就像俗语说的那样："好像要大猩猩去拉小提琴。"女人与丈夫小有摩擦，流点眼泪、说点气话也没什么，因为女人天生多愁善感，稍稍流泪对女人来说不是坏事，既是情感的宣泄的方法，又可以排毒！

男人不喜欢在恋爱关系中被人掌控，男人也不想受到任何一种形式的操纵。他们不愿知道伴侣的所思所想，也不想费脑筋去解析爱人发出的信号。在谈恋爱时，他们不愿没准备好就被迫快速推进；他们也不愿在事情变糟的时候，被迫去承受一切指责；他们更不想在游戏中成为被动的一方。

在恋爱的时候，每个人都希望把自己最美好的一面展现给对方，希望得到对方最大的爱慕。同时，让对方看到自己这样好的表现，心里更会欢喜，恋爱因此会显得很甜美。为了不让对方失落，更严格地说是不让对方因那份失望而影响感情，很多人对恋人尽量掩饰着自己的缺点。因此，有些粗俗人就变得文明起来，邋遢的人变得讲究起来，小气的人变得大方起来……爱情可以改变一个人，按理说这是一个很好的现象。

可是，当爱情到来的时候，更多的人是在掩饰中"改变"自己，不会彻底地改变缺点，并随时可以暴露出来，迟早会给自己的爱人一个惊吓：这个家伙怎么是这样的？这种掩饰后的显现，会让你的爱人对你的印象产生强大的落差，这往往会成为恋爱和婚姻的死结。

每个人都有自己缺点，在恋爱的时候，应该勇于暴露自己的缺点，学会暴露缺点，改变缺点。因为把自己的缺点暴露出来，显示的是自己的光明磊落，还没有人会觉得你是虚伪的；改变自己的缺点，证明自己是为爱而改变的，这可能还会给对方一份感动。重要的是，这种做法为以后的婚姻打下了基础，因为所有缺点，在恋爱时对方都了解了，对方要是不接受，那么早就结束了你们的感情。婚后就是自己还有一些缺点令对方不满意，一是对方已经见惯了，在心理上已经接受了；二是这些缺点只是改得不彻底而已，对方对你也会有一份包容。如果在恋爱时为了一时的感情，没有给对方一个接受自己缺点的过程，在婚后缺点的突现，对方要么会以为你婚后变心，要么就会有被欺骗的感觉。无论是哪一种，它都是婚姻中的炸弹。

作为爱恋时期的男人，应该多懂一点女人的心理，根据具体情况具体分析，因时而异，因人而异，运用高超的技巧，抓住女人的芳心，摘到诱人的爱情之花。经过心理学家的分析，他们为我们总结出了以下几种类型。

第一种类型：旁敲侧击型。女人有一种心理防卫本能，经常用语言掩饰自己本意，不喜欢别人一语道破天机。如果男人自作聪明，直截了当地说破女人的心理，往往会引起反感。因此，追求女性的时候，千万

要掌握说话的艺术，要察言观色，说话委婉，掌握分寸要准。

第二种类型：单刀直入型。大多数女性喜欢直率地表达，虽然她们会对初次约会就直率地表达有点不好意思，但她们却会觉得这样的男性充满魅力，从而对单刀直入的表达难以拒绝。因此，男性在邀请女性时，口气要直率，如果对方不喜欢，她也许通过暗示，或找其他理由来加以拒绝，如果对方默默不语，你就可以判断她是不会拒绝你的邀请了。

第三种类型：心诚则灵型。女人喜欢真诚的体贴和殷勤，对于举止过分殷勤的男人反而会有一种"居心不良""别有企图"的感觉。因此，打开女人芳心的好办法就是善良真诚的殷勤。

第四种类型：潇洒从容型。女人有一种自我心理防卫的本能，对男人心存戒备。她们对下面两类男人都不喜欢，一种是在女人面前呆若木鸡，少言寡语者，另一种是在女人面前夸夸其谈，巧舌如簧，举止夸张者。因而，男人应该保持潇洒从容、真诚自然的本色，才能消除女人的戒备心理，赢得女人的芳心。

第五种类型：果断自强型。女人都希望通过婚姻找到一个避风港。她们喜欢刚毅、果敢、热情、爽朗、勇于负责的男子汉，而对畏首畏尾、优柔寡断、迟疑不决的男人心存鄙弃。因此，男人应该在女人面前充分展现男子汉的优秀品质。

第六种类型：以静制动型。有时候女性表面上好像毫不在意，但是实际上内心却充满了矛盾，因而一再拒绝，会使追求者敬而远之，使自己独守空闺。但是如果男性太紧，女性的"防卫本能"会对男性加以拒绝，心理学家说，这是女性的一种逞强好胜、好奇等心理因素在作祟。因此，只要男性能抓住女性的这种心理，掌握好进攻的节奏，就一定能猎取芳心。

第七种类型：巧破常规型。由于女孩的生活平淡无奇，她们求变心理就很强烈，盼望发生一些出乎意料的事让生活添些变化。因而她们并不喜欢刻板、守常规的男人。当然，在迎合女性的这种求刺激、求变化的心理之前，必须首先让她们在理智上确认你是作风稳健的人，然后才能巧破常规，创造新意，使之充满情趣。否则会弄巧成拙，使女性对你形成举此轻浮、作风拖沓的印象。

对于女人来说，她们认为男人不需要任何沟通。其实，在感情的培养中，爱对方可以有关心、有理解……但绝不要用纵容的方法来使对方开心。所有的坏习惯都会由恋爱顺延到结婚后，而用恋爱的方式去对待婚姻，婚姻往往会变得很糟糕。

女人认为男人需要被对方一再提醒，他们的恋爱关系需要更进一步的发展。并且，男人不需要或不会珍惜得到任何赞美，所以女人倾向于喋喋不休与批评。

实际上，男人不愿长期忍受任何一种形式的操纵。想要吸引男人并建立完美的婚姻，女人就要在生命中的每一个时期满足对方对自己的需求。在向他提出要求的时候要学会掌握时机，掌握他的情绪与作风，更要学会认可和给予赞美。

总之，"金无足赤，人无完人"，世界上的男人和女人总会有这样或那样的缺点。如漂亮的人也许没有学历；学历高的又没有长相；有长

相的家境又不好；家境好的人品又差……正如有位哲人说过："对终身伴侣的要求，正如对人生一切要求一样，不能太苛刻。"幸福婚姻一定来自于我们每个人正确的定位和慎重的选择，所以，在选择自己伴侣的时候，不要这山望着那山高、挑三拣四的，更不要期待最佳选择，遇上自己喜欢的人，就果断地选择他。

爱情要敢于表达

在爱情心理学的研究过程中，我们发现，当一对男女在交往的过程中，如何来表达相互的爱慕是非常关键，而在这个表达的过程中，能给对方留下多少思索也是一个值得研究的话题。也许，我们都知道，没有爱情的人生是不完美的，但当爱情来临时，又该如何去面对和把握呢？这就是一个值得研究的话题。对于欲尝爱情之果的年轻女人来说，投入爱河之前，应该具备哪些内在条件呢？心理学家指出，一个拥有美好爱情的人，通常需要具备以下四种能力。

第一种能力：表达爱情的能力。

一个人心中有了爱，在理智分析之后，要敢于表达、善于表达，这是一种爱的能力。一个人面对别人给予的爱，能及时准确地对爱作出判断，并作出接受、谢绝或再观察的选择，这也是一种爱的能力。缺乏这种能力的人，或是匆忙行事，或是无从把握。

年轻女人要想具有迎接爱的能力，应该懂得爱是什么，有健康的恋爱价值观，知道自己喜欢什么，需要什么，适合什么。

第二种能力：拒绝爱情的能力。

自己不愿或不值得接受的爱应有勇气加以拒绝。拒绝爱情要注

意两个方面：一是在并不希望得到的爱情到来时，要果断、勇敢地说"不"，因为爱情来不得半点勉强和将就。如果优柔寡断或屈服于对方的穷追不舍，发展下去对双方都不利；二是要掌握恰当的拒绝方式，虽然每个人都有拒绝爱的权利，但是珍视别人真挚的感情是对别人的尊重，同时也是一种自重。不顾情面、处理方法简单轻率，甚至恶语相加，结果会使对方的感情和自尊心受到伤害。

第三种能力：发展爱情的能力。

要想具有发展爱情的能力，首先要培养自己的奉献精神以及处理矛盾的能力。恋爱中人，不光要接受爱，更要学会给予爱。只索取不付出，是不会长时间拥有爱的。而且，相爱不可能是风平浪静的，当与所爱的人发生矛盾的时候，要学会包容、学会谦让。只有这样，才能让爱情长久健康地发展下去。

第四种能力：承受挫折的能力。

追求爱情和维护爱情的过程中会受多种因素的制约，因而在追求爱情的过程中遇到各种挫折是在所难免的，比如单相思、爱情错觉、失恋等等。这些恋爱中的心理挫折，对初尝爱情的年轻人来说是一种考验。如果承受能力较强，就能较好应付挫折，否则就有可能造成不良后果。因此，提高恋爱挫折承受能力，对年轻人的心理健康是非常重要的。

当爱情受挫后，要用理智来驾驭感情，通过增强理智感，分析失败的原因，总结经验教训，寻找解决问题的方法和途径，并学会在新的追求中确认和实现自己的价值，从而提高自己的心理承受能力。

不可否认，男人和女人是不一样的，上帝造人时就已经调配好男女各自的性格，在追求自己喜欢的人时，男人要大胆直接，女人就要腼腆含蓄。如果男人也像女人一样放不开，那么世界上尽是光棍或老姑娘；要是女人都像男人那样外向主动，那么这个世界肯定会乱套。所以说，女人在面对自己中意的男孩子时，主动表白要有女人的特点。

其实，恋爱中男人被一个女孩拒绝是一个很正常的事，因为女性对自己的追求者总会拒绝，这是女孩在感情上的一个共性。女孩面对自己的一个追求者，她要是从心理上压根对其没有好感，女孩会拒绝，但是，只要男人对其施以真情，她也有回心转意的可能；要是女孩对追求她的男人有好感，她也会拒绝，只不过这种拒绝她不会坚持的太久。这种拒绝的原因，一是要显出女孩的那份矜持。她们知道轻易地应许一个男人，特别是一个相识不久的追求者，会使自己多少显得有些轻浮；二是用拒绝来对男人进行考验。对于男人的追求，也说不准是一个花心者的一时挑逗，女孩用拒绝来验证男人追求的真假。还有就是用拒绝来考验男人有多么爱她，在一个女孩眼里，如果男人坚持疯狂地追求他喜欢的女孩，那么就证明他对这个女孩是真心的。女孩认为男人追得越辛苦，得到后就会对她越珍惜，而且女孩也会显得更有面子。

因此，男人不要怕被女孩拒绝，因为拒绝你的女孩有50%的可能是在考验你。可以说，任何一个追到自己心仪女孩并成就美满姻缘的男人，他们没有一个不曾被拒绝过。

至于面子，被女孩拒绝也不是什么丢脸的事，没有哪个女孩会嘲笑她的追求者。一个男人能为爱去追求一个女孩，那就是对这个人全面地认可和欣赏。换句话说，就是男人把对这个女孩全方位的赞美，都变成

了追求的行动——追求她，就是在赞美她。因此，哪有人会嘲笑一个赞美自己的人呢？

不管爱情是天堂，还是地狱，是痛苦还是狂喜，失恋，总比从未恋爱过要好。故此，不用担心你的恋爱会就此结束，而要当心它从来就没有开始过。

剔除爱情中的烦恼

马德莱娜·德·斯居代里说："爱情是个变幻莫测的家伙，它渴望得到一切，却几乎对一切都感到不满。"所以说，在这个世界上，没有人是为了达到一个人的期待而生存的，爱人也是这样，因此，当爱人不能满足我们的期望时，不用责怪对方。

然而，有很多女性在恋爱的时候常常比男性有更美好的憧憬，相对而言，更容易自愿居于被动地位，也更容易受感情的羁绊，因此，也常常有更多的烦恼。其实，只要掌握了一些简单的原则，就能减少大部分烦恼。这就需要你从心理学的角度来扪握以下原则：

原则一：第一印象常常并不准确。人的最佳素质往往不易被发现，只有在相处了一个阶段之后才会显露光芒。所以说女人很难一下子发现她们身边的好男人，反而被那些表面上"风流潇洒"的男士所迷惑。其实这种英俊洒脱的男子只能给女性以最初的激情，绝不可能向女伴奉献持久的爱情。

原则二：魅力来自于信心。女性的刚毅与温情的完美结合能够创造恋爱生活的奇迹，使异性之间的交往变得健康而富有情调。聪明的女人懂得欣赏自己身上女性的魅力，同时也相信自己有能力吸引她心目中的

恋人。正因为她对自己充满信心，所以才能在刚毅的基础上表现出女性特有的温柔。

原则三：勇敢地表达自己的爱。风度翩翩的男子，虽然具有男子的魅力，但是，他很可能是一个保守而又内向的人，也很可能因为你不曾与他见过而怯场。虽然他想认识你，但因为顾虑重重，很可能保持沉默。生活中这样的情况是很多的：一对本来可以想识、相恋的男女，因各自的心理作祟，或者在一个清风习习的早晨，或者在一个月儿朦胧的夜晚，却擦肩而过了。这种情况固然有一种神秘的美丽，但终究没有收获和拥有，但是不是感到有一些遗憾？甚至是终身的遗憾？如果你们不擦肩而过，如果你们擦肩而过后，双双回首，给对方一个信号，那么是不是会发生一段动人的爱情故事？所以爱，除了心灵的感应与感觉外，还有行动的表白。不论是爱或者被爱，都是一件很幸福的事，可幸福不是等来的，她需要努力，需要创造……

爱，需要勇敢地表达。很多男人在表达爱意时，比女人更胆怯，女人们应该学会鼓励那个自己心中也暗暗喜欢的男人。

原则四：不要期望男人主动做出承诺。男人在恋爱中不愿意给女方以过多的承诺，甚至根本就不做承诺，这一直是女人猜不透的谜。虽然他们已经通过自己的行动表达了他们的立场，但是要得到他们的口头承诺却很不容易。聪明的女人懂得如何用巧妙的语言引起男人心灵的震撼，迫使他们对爱做出承诺。

然而，随着时间的推移，恋爱初始的激情在岁月的长河里会逐渐失去它应有的光芒，没有了新鲜感，爱情就显得平淡了。在忙碌的生活中，人们往往忽略为爱情保鲜，当发现爱已走远时，才忙不迭地进行挽救。

为此，心理学家指出："吸引力是你剔除爱情过程中烦恼的一剂良药，爱情一旦失去了吸引力，就很容易变质甚至死亡，而吸引力又需要靠新鲜感来维持。所以，我们应该努力让我们的爱情充满新鲜感。"那么，我们到底应该是从哪些方面来增加爱情的新鲜感呢？心理学家已经为我们指出了以下八条。

第一条：学会改变自己。或者改变造型，或者增加自己的见识，使得在和对方的交谈中总有新的内容可讲。

第二条：参加冒险的活动。在特定的环境下，人们会从害怕感中得到快感。当你和你的爱人一起去"冒险"时，你们会感觉双方是手牵手一起克服困难的。冒险，让你们的生活掀起波澜。

第三条：做些和平常不一样的举动。如果和恋人一起出去玩，你可以假装和他走散，让他找你半天；或者出去玩儿时拍一些搞笑的相片，让彼此感觉都回到了小时候无忧无虑的时刻。

第四条：分享一个秘密。不时告诉对方一个自己的，这些秘密可以是很小的事情，但是这样的形式的确是很不错的，因为亲密度和刺激感是相关联的。这也就是为什么一段恋爱的开始，在相互了解的过程是那么的刺激的。每次我们都相互约定告诉对方一个秘密，这样我们既觉得刺激，又可以增加我们的感情。

第五条：重温第一次约会的场景。你的第一次约会一定是充满了神秘感。对方傻傻的眼神，你们接吻的方式，和紧张的心情，这些也许你

都还历历在目。但是重现第一次约会的情景，那么你一定会获得很多意想不到的快乐。在那天约会，你可以用同样的香水，摆出和第一次约会一样傻傻的表情。

第六条：一起去尝鲜。比如你们可以一起去做健身，让对方看到你的另外一面；也可以一起去跳舞，"嘲笑"对方的舞姿；还可以一起去品尝从未吃过的东西，这些都可以给对方带去新鲜感。

第七条：学会制造浪漫情调。你可以在屋里藏好一份礼物，让他在不经意间发现；或是制造一些浪漫，让他感受到你浓浓的爱意。

第八条：一起看看外面的世界。去你一个你们向往已久的地方旅游，全新的环境会给你们一个崭新的心态，好像回到了你们刚刚开始恋爱的感觉，那种神秘刺激的感觉又回来了。

没有感到幸福，往往不是因为没有得到幸福，而是你的感官味蕾失去了对幸福的敏感。不想让幸福感递减，就多花点心思、多用点智慧为你的爱情浇水施肥，让爱情永远新鲜。

走出爱情的误区

当被爱神丘比特的箭射中的时候，很多人可能会有按捺不住的喜悦，以及对美好未来的憧憬，但由于没有恋爱的经验，或没有做好足够的心理和思想准备，容易懵懵然闯入爱情的误区，就容易在这个误区里遭受打击。

如果你不信的话，不妨看看我们身边的人，那些在爱情路上摔倒过的人，十有八九摔倒后无法在原地爬起来，并害怕不前。比如，前任男友或前任女友曾骗过自己的钱财，于是对现任男友或现任女友在这方面便会加倍小心。又比如，曾经全心全意地去爱过，但最后却遭遇感情失败，于是在面对再一次恋情时便将心收起，不敢再付出真心，生怕付出后又是一场失败。这样的感情路上不愿意付出或犹犹豫豫，只会错过人生又一次的真情，从而让自己的情路更加坎坷。

还不就是对对方进行不公平的比较。我们同样知道，一生中没有爱情经历的人几乎很少，有经历对人生来说是一种阅历，也是对人生的一种丰富，但许多人存在这样的误区，即喜欢拿现在的恋人与以前的恋人去做比较，而且这种比较往往是不公平的，因为他们往往是拿以前恋人的优点来比现在恋人的缺点，这样一来，越比越觉得现在的恋人缺点满身。

要知道花有百样，人各不同，每个人都有自身的优缺点。爱一个人，就要学会欣赏他的优点，包容他的缺点，在某些时候要用放大镜放大他的可爱之处，在某些时候用缩小镜缩小他的缺点与不足，这样才能最终牵手走完以后的人生路。如果总喜欢带点炫耀地坦言以前的恋人多么棒——而且描述得原汁原味，结果只会让你现在的恋人分外反感。

在这样的情况下，就会问：爱情到底是什么？千百年来无人能说得清，在言情小说与青春剧中，爱情往往是花前月下，卿卿我我、浪漫玫瑰。还有的就会认为爱情就是浪漫与鲜花。

但在现实中，爱情往往与浪漫无关，却与生活息息相关。外出时一个关怀的短信，回家时一个会心的微笑，苦恼时一个温暖的拥抱，事业不顺时他的开解与安慰，这就是现实生活中的爱情。

所以，身处现实中的你应该学会珍惜与享受生活中爱情带给你的点点滴滴，才能让快乐与幸福常伴身边。如果你一味沉醉于小说与影视剧中那种所谓的浪漫爱情里，成天想入非非，那么幸福与快乐就会与你擦肩而过。

众多的爱情海中寻觅的飞鸟往往有着同样的想法，要等对方全心地爱与付出后自己才会去付出，在感动中而去爱。而爱其实需要双方的努力与付出，在你付出的同时总会有收获，就像农民种田，哪怕在秋季来临时，收获的不是期望中的香瓜，而是摇曳的枝叶、满目的秋景，这也是一种收获。如果只是一味地强调单方面的付出，往往只会空等花落时。

那么，究竟爱一个人需不需要理由？每个人都有自己的过去，每个人都有属于自己的秘密。当涉入爱河时，有些人会"傻傻"地认为爱一个人就要无所保留，于是便把以前的一切都全盘托出。

有一个女孩在小时候被人强奸了。这件事她谁也没有告诉，连她自己的父母都不知情。后来，女孩有了男朋友，两人的恋情进行了很长一段时间后，男友发现她不是处女之身，便询问她，还很大度地说："我们既然相爱就应该毫无保留，你有什么样的过去我不会在乎的……"女孩信以为真，她想彼此已如此亲密，无须隐瞒，于是便坦白地说出了那段噩梦般的经历。本以为男友听了之后会同情他，会安慰她。可男友却沉默了好久，什么也没说出口。在接下来的几天内，他们之间的气氛一直冷冰冰的。终于有一天，男友向女孩提出了分手。他伤心地说："我以为我自己不会在乎，可是我不能欺骗我自己，这对我实在是一件很残忍的事情……"

是的，尽管你的他声称："没关系，我爱的是现在的你，对你的过去并不在乎。"但你的坦白仍会把他的心灵蹂躏得伤痕累累。因此，当你有了一个真心相爱的对象时，不妨把自己回归成一张白纸，把以前留下的所有痕迹统统清除干净，即使对方问起，也只需轻描淡写地一言带过为好，切不可竹筒倒豆子似的"坦白交代"。

我们或许也可以这么说，也许嫁一个人真的可以无缘由吧，但是如果你想把你的爱以习俗和法律的形式加以定义——这已不仅仅是一种爱的证明，你就必须对你的选择和今后的生活负责。试想一下，两个性别、背景、教养、性格、职业、爱好等等都不相同的人走到一个屋檐下，四目相对，朝夕共处，那是怎样的一种赤裸裸的真实。你可以完全

接纳对方，包括他的缺点吗？你能够明确婚姻赋予你在社会生活中新的角色，并有上佳持久的表现吗？你能够适应激情渐渐冷却、生活日趋现实而平淡吗？你懂得"结婚一年的男人兴高采烈我们知道为什么，结婚十年的男人还兴高采烈我们不知道为什么"这句话的潜台词吗？在目睹了太多失败的、得过且过的、惨案的婚姻以后，在接触了太多沉闷乏味、不负责任、彼此怨恨的婚姻当事人以后，尤其是看到许多人在婚前婚后极具讽刺意味的转变，我们不得不在这里忠告那些准新人们：扪心自问，结婚之前你考虑清楚了吗？

让时间去检验你的爱情

很多人在爱情的过程中，都会非常留意对方的外在条件。但随着爱情的不断升温，特别是该"正式"的时候，才越来越渴望深刻了解对方的内在品质。但这并不容易，因为双方在恋爱的过程中，都存在着有意识掩饰缺点的倾向。

许多人就是因为婚前缺乏识的"慧眼"，婚后才后悔"自己瞎了眼""上了当"，甚至演绎出"以误解而结合，以了解而分手"的悲剧。

因此，对自己选择的恋爱对象要有意识地进行观察、分析，看清他的本质。当然，这些观察应该是自然而然进行的，作为恋人，绝不能故意设置一些所谓的考验，更不能有如偷看日记，QQ记录，偷听谈话之类的"克格勃"行为。否则，不尊重对方的人格将导致自己的人格也得不到尊重，甚至有可能葬送十分美好的爱情关系。

因此，若想尽量准确地了解自己选择的对象，不妨试着从以下四点着手：

第一点：在与对方的日常交往中，通过他对客观事物或他人的评价，了解他为人处世的态度。

比如，你的男友特别赞赏某个人男人，很可能是因为他比较缺乏他所赞赏的那种男子身上的某些重要品质，他可能在潜意识里会以那个男人为榜样；倘若男友十分欣赏某一类女性，从中可以折射出他对女性的审美标准和要求。

第二点：留心观察他在一些小事上的表现。

人在恋爱中，在强烈掩饰心理控制下，一般都会表现得志向很高，为人善良做事很有胆识、气魄，心胸很宽广。而实际上可能并非如此。在琐碎的小事情上，人的自我控制意识会松弛下来，因而容易表现出他的"本来面目"。小雯和前任男友上街时，不慎掉落了一枚一角钱的硬币。她刚要俯身去拾，男友却飞起一脚把硬币踢到了远处："一毛钱拾它干吗！"她由此感到男友不爱惜财物、不务实的倾向。

第三点：留心观察对方对待他人的态度和行为方式。

很多女孩见男友对自己既宠爱又体贴入微，就盲目地沉浸于爱的甜蜜之中，以为结婚以后男友也会如此这般地对待自己。其实，这很有可能是自我误导。这时应该留心他对家人、好友以及他人的态度，因为这才有可能是他将来如何待你的预示。小洋当初和丈夫谈朋友的时候，一次两人一起去爬山，爬着爬着两人散开了。忽然山上滚下一块石头，从石头滚落的路线看，肯定伤不着他，但他还是毫不犹豫地跑过去把石头拦住，耳闻目睹它不击伤下面的人。这一些都是小洋从一个隐蔽的地方看见的，说明他并不是有意识地在"演"给谁看的。从这件事上小洋想到："他对别人都这么关心，以后对我肯定错不了。"于是，她毫不犹豫地选择了他。婚后的事实证明，她的选择是对的。

第四点：用时间来看人。

对一个要长期观察，不要一见面就对一个人的好坏做出结论，因为结论下得太早，会因你个人的好恶而发生偏差，从而影响今后的交往。另外，有些人为了生存和利益，常会戴着假面具。这些假面具可能为你而戴，表演的也正是你喜欢的角色，如果你据此判断一个人的好坏，那就可能会吃亏上当。

用时间来看人，在初次见面后，不管你和他是"一见如故"还是"话不投机"，都需要保留一些空间，而且不掺杂主观好恶的感情因素，然后冷静地观察对方的所作所为。

一般来说，一个人再怎么隐藏自己的本性，也终会露出真面目的。因为面具藏久了自己也觉得累，于是在不知不觉中会拿下假面具，就像演员一到后台便把面具卸下来一样。面具一拿真相就露出来了，但他绝对想不到你仍在一旁观察他。

时间是最好的"检验师"，也许刚开始你对某人心存芥蒂，但时间久了，你便可以看出他是否具有一片真心。

沟通之中出爱情

恋爱阶段，特别是进入热恋之后，相互间的吸引占主导地位，两性的差异、文化的差异、性格的差异等等都退居意识之外，两人很容易沟通。一个普遍的现象是，坠入情网中的男女往往变得智力低下了，在双方眼里看到的全是对方的优点和好处，缺点也可以被理解为优势，所以才会"情人眼里出西施"。

初婚期，在新鲜感、生理冲动的推动下，双方的沟通也是很顺利的。在观点或利益基本一致时，夫妻良性沟通是容易实现的。在共同面对外界压力时，有利于夫妻沟通。处于两人世界时，夫妻间也容易沟通。

对夫妻关系来说，良好的感情交流和沟通犹如呼吸对于生命那样重要。即使是最繁忙的夫妻，也必须尽力找到促膝谈心的时间。夫妻之间的感情交流，可以是几句问候，也可以是对社会现象的分析议论，也可以是随意的聊天，无论是何种形式，都会使双方的感情锦上添花。

为了双方进一步加强夫妻间的沟通，具体来说，下面的四点建议值得参考。

建议一：求大同，存小异。为了让夫妻的感情沟通畅通无阻，交流思想更富有意义，夫妻双方应该在生活的各个领域内求大同、存小异，力求缩短彼此之间的心理距离。例如在教育子女的问题上，妻子主张"爱"为主，丈夫主张"严"为主，这样双方就产生了矛盾。然而在"必须对子女进行教育而不是放任自流"这个大是大非问题上，双方应该首先取得一致意见，然后妻子和丈夫可以按照自己的模式适当灵活地对子女进行教育。这样做，不但有利于子女的健康成长，而且也有助于夫妻关系的协调发展。

建议二：寻找共同情趣。共同的兴趣和爱好，可以增加夫妻间谈话的广度和深度，增加感情交流的频率和速度，尤其是寻找彼此能够共享的某些事情，使双方充满乐趣。丈夫非常喜欢看球赛，几乎是每场必看，并奉陪到底，而妻子则喜欢静悄悄地坐在旁边打毛衣，边听丈夫的大叫大嚷，并把丈夫的这种嗜好嘲笑成小孩子的把戏。后来双方发现，如果要使两人的关系得到进一步发展，妻子必须更进一步理解丈夫的这种嗜好，而丈夫则应帮助妻子加深理解。于是，经常在吃过晚饭之后，为了能同时观看球赛，丈夫尽管十分讨厌收拾碗筷，但他还是走过来帮妻子收拾，然后两人坐下来边看边谈球赛。

确实，通过这种生活中毫不起眼的一幕，他们解决了矛盾，分享了欢乐，有时候还为他们驱散了笼罩在其婚姻上面的一片阴云。

建议三：时刻表达感激和爱情。丈夫对妻子做的每一件小事都应表示感激之情，即使是给他熨了一件衬衣这种小事，也是如此。妻子对丈夫在生活上的体贴、经济上的帮助也应该表示感激。夫妻双方时刻使用"谢谢你"三个字，看来无伤大雅，实际上这是情感交流的一种有效方

式。因为彼此能感觉到自己是被人需要的。有时候，感情交流还需要亲口说出来，最能表达夫妻情意的就是"我爱你"，即使你们结婚多年且关系良好，也不要忘了这三个字，它会帮助夫妻之间架起一条全天候的通信线路，使不幸的日子可能变得容易承受，使美好的日子变得更加灿烂。

建议四：学会敏感和倾听。夫妻应当知道彼此的需求。丈夫回到家里显得忧虑和沮丧，那么无论妻子说什么都不会引起他的兴趣，这时应该给丈夫多一点亲昵和爱抚。同样，当妻子郁郁不欢、沉默寡言时，丈夫应当放下手中的工作，静静地坐在妻子的身边，聆听妻子的心声。这就需要双方增加敏感性，帮助妻子或丈夫解决他们的内心冲突。无论哪一方在学习、工作和生活中受挫后，另一方的循循善诱、冷静明智以及之间表现出来的无限爱恋，正是他所渴望的。因此，夫妻应该学会用他们的整个身心来感受对方的灵魂，倾听对方的意见，那么夫妻间大多数的感情障碍是能够解决的。

热恋过后，随着新鲜感的淡化，随着"智力"的"恢复"，婚姻进入了实质性的、琐碎的生活阶段，差异与矛盾都会逐渐显现出来，夫妻的沟通可能会出现这样那样的问题，如何客观和理性地对待与化解面临的问题，这对任何一对夫妻都是一种现实的考验。

沟通就是构建健康家庭文化的习惯。沟通不是人的本能，是后天学习得来的，从咿呀学语时开始到耄耋之年，要活到老、学到老。夫妻沟通无所不在，一个眼神，一丝表情，一点小动作，一种语调，这里有解读、有领悟、有默契，所有这一切都需要摸索和学习。

养护婚姻的主要内容就在于提高夫妻沟通的质量。沟通的起步点是相互尊重，例如尊重对方的尊严、人格、兴趣、爱好、能力、工作等。沟通的目标取向是实现夫妻一体化，即实现夫妻认同，在观念、态度上，以自己的婚姻为上，建立"我们"的取向。两人想的，常是一样的事，希望的也是两人共同的事，你中有我、我中有你，两人如同一体。有了夫妻认同才可以建立起夫妻联盟，即在心理上认识到两人同属于一个单位，当遇到共同困难时，两人能马上联合起来，共同对外。沟通的前提是建立协调一致的心理气氛，不管两个人的兴趣、爱好、气质、性格、文化修养差别有多大，只要互相体谅、容忍，多了解，通过共同努力，总是可以逐渐建立协调一致的、温馨的家庭生活气氛。不管谁处于家庭权力中心，双方意见不一致时双方都需要宽容，学会让步，学会妥协，学会自律、自制、自我监督，克服盛情滥用。所谓"公鸡打架头对头，两口子打架不记仇"。相互责备是不可取的，妥协应从自己开始。

爱情心理学中的情商观

在我们研究爱情心理学的过程中，我们发现，在女人眼里，男人在处理感情的时候老是少根筋，需要别人指点迷津，但这并不表示他们在恋爱方面一无是处。其实，男人是在以他们的实际行动给女人上着爱情课。坦白地说，有些还很经典，有时候，在某些问题上，男人的看法可能更接近事实的真相。

男人之所以如此看得开，有一部分原因应归功于一般的生物行为反应。专家认为："在心理上，男人比女人更易产生克服痛苦的精神化学反应。"除了心理上的差异，当然男人在失恋的路上复原得比较快。他们知道自己终究会再恋爱的，天涯何处无芳草，何况，最实际的疗伤方法就是尽快再爱上另一个人。

以上是对男人的看法，但是，作为一个高情商女人来讲，她则又可能不是人群中最聪明的，但她一定是一个热忱而顽强的。对于成功而言，女人不一定要有很高的智商，问题也不只在天资，而是在于情商。

高情商的女人善于把自己的思路和言谈都引导到振奋人心、鼓舞人心的观念上去，善于体验现实中的美好事物。

高情商的女人经常对别人微笑，也得到别人微笑的回报；懂得活得快乐是自己的责任所在。

高情商者以赞扬和感激来回报别人的帮助，给人以大量的积极肯定，如微笑、赞扬和爱抚等等。经常保持这种高涨的积极态度，而极少说消极的话；她们致力于维护互相关心的友好气氛；在争论中她们承担起责任而减少冲突，很快地改变别人的戒备态度，去投入眼下的工作；她们真诚地肯定对方并且说："请告诉我你的观点。"然后注意倾听，不去争论或辩解。

对任何信息的提供、合作或帮助，即便是只和自己的目的贴一点边儿，都真心诚意也给予回报，以使下一次得到更贴近自己目标的帮助：她们大量使用真诚的肯定来表示承认别人所做出的贡献。对于别人的全部努力和成就都给予回报，以此鼓励人们更多地参与和做出成绩。

理解别人发火可能是由于内心的恐惧，而平心静气和对方商讨问题，同时纠正针对自己的消极的评论。

高情商的女人无不具有诚实的特征。她们告诉别人自己在想什么和需要什么。如果有不同意见，就会面对面地、温和而直截了当地解释明白。她们深知诚实比说谎和装假要更轻松和更少劳神。

高情商的女人在初次与人交往时真实反映出自己的本来面目。由于她们的坦诚，别人信任她们，愿意进一步了解她们。她们通过使别人了解自己的办法，而不是靠专挑别人的错误和问题来表明自己的真诚。她们相信自己的好意，也很重视别人的感受。总之，她们表现出自己的本来面目，而不去投人所好、弄虚作假。

当然，情商和智商并不成正比，一个高智商的女人，情商可能很

低，有时几乎为零。她在平时会准确而理智地处理工作、学习和生活上的一切事宜，但在处理感情问题时，往往就会失误。当然，一个情商高的女人，她的智商也不一定高。恋爱中的女人常常变得不理智，爱情似乎是她们生活的全部，对所爱的人简直痴迷和盲目的程度，情人一句随意的话，她会铭记在心；情人的一声赞美，她会陶醉许久；情人写给她的诗，她更是视若珍宝；情侣间的一个吻，常常会令她忘乎所有。

当一个女人真正爱上一个男人的时候，她的智商就会下降，她在判断那个爱她的男人的感情时，会十分自信。殊不知，爱是可以一点点被转移的，爱是可以一点点被替代的，爱情的花朵会枯萎。当她深深地投入感情时，在男人的眼里已经不那么可爱了，他已经厌倦了，也不懂珍惜她的爱了。当女人还茫茫然不知所措时，她爱的人的心里已经另有所属，男人对一个爱他的女人说非常忙的时候，女人，你该警觉了。你也许忘了当初他是如何忙里偷闲和你相会的，忙，不是理由，却是他不想见你的最好的借口罢了。

所以，心理学家指出：女孩接受的教育使他们以为爱情是生命中第一要紧事，而男孩被教导在工作、竞赛中取胜，恋爱并不是首要的东西。女人喜欢爱情有紧张感、有挑战，能让她们销魂失魄，所以就容易匆匆陷入危险的动情的境地。男人在这一方面较为谨慎，在与女人的接触中，他们是自卫型的，有一种掩饰自己的恐惧和焦虑的需要，早年的教育使他们即使在女人动了情，无法把握自己和对方时，也不表现出慌张。

坏男人最重要的手段是对女人的高度理解，他们对女人了如指掌，至少对女人与他相关一方面非常了解。他们常常是女人刺激和幻想的目标，女人也愿意被其吸引，而无视其潜在的危险，因为这些坏小子对女人来说代表了一种征服感。他们小时候可能有一个富有魅力的，但却情感疏远的母亲，她从未给过他所渴望的爱，这样他们不得不经常揣摩自己的母亲，以便知道何时、怎样才能得到他所需要的安慰和保护，他练出了一种对女人高超的观察能力和感知力。

女人长期的小心翼翼，抑制了她对亲情和爱恋的需求，坏男人强有力的神秘变化让她无法抗拒，她在他的诱惑面前毫无抵御力，他不是一个在床上自私而笨拙地想完事拉倒的男人，他很耐心，他能等。在外在上，他很迷人，会体贴，善于激发起女人的高潮状态。他通常很快就消失了，女人的痛苦也因此产生，但在关系进行时，是快乐而新鲜的。一个女人的兴奋源与满足源越少，她就越有可能与其中某一项紧密相连。在传统的教养下，女人习惯于从爱情中寻找兴奋和满足，而她一旦决心从爱情中跳出来，要找到爱情的替代物并不容易，世界上比陷入爱河更奇妙、更令人激动的事情的确太少了。

我们都在爱情中寻找避风港和抚爱，借此摆脱孤独，这是一种共同的梦幻，但对某些女人来说，对这种关系的追求更有一种例外的含义——她是在既甜蜜而又痛苦地进行情感冒险，证明她个人的存在。女人往往把同约会的男人共享的活动视为只有与男人一块儿才能享受的活动，如听音乐会、听讲座、看戏、参加体育运动等等，一旦他们想从这些活动中抽身出来，她就有可能感到不自在，这也使她明白，在多数的时间里，频繁的约会虽然使自己兴奋，但在本质上是无聊的，一旦身边

没有男人，一切都黯然无光，一旦话题离开男人，就觉得烦躁不安，这些都说明她们一旦离开男人就连自己也失去了，她们的情绪完全由身边的男人决定。

我们的情绪受制于人常常是连自己也没有意识到的，意识到情爱中情商的重要也促使我们从受制于人的情绪中走出来，当爱情得不到回报时，我们可能经历比死亡更为惨烈的痛楚，因为它是对自尊心的伤害和对自信心的痛苦一击。当我们所爱的人让我们失望，我们在一定程度上要丧失一些自信心，这是相当正常的;但是倘若长期不能自拔又是另一回事了。女人对男人失望后受到的打击可能更大一些，这与男人被赋予某种权力有直接关系，男人的这种权力能证明女人作为一个情人、一个女人和一个人的价值。

女人在任何情况都不应该把决定自我感觉的权力交给男人，但还是有很多的女人因为被男人抛弃而感到自我价值的丧失。这些女人总是觉得自己被生活的力量所左右，她们自我感觉是生活的受害者，男人闯入了她们的生活，让她们感受到了一种从未有过的感觉，而当他们离开时，则带走了她们感觉良好的能力。承受生活压力的女人倾向于认为这是自己的错，这种自责加剧了痛苦。

女人长期痛苦的一个极重要因素，就是慢慢屈从于让男人来决定自身的价值。在男女的相互作用中，她们丧失了对自己内在力量的感觉，尤其当她们无力留住男人的爱时，她们会把暂时的丧失力量感到更为长久的无力感混在一起。其实，高情商的女人迟早会明白，一个男人可能离她而去，但并不能真正把她带走。只有她才是自己价值的实现者和实体的所有者，没有人能够真正把她自己偷走。

一个事业上功成名就的男人，不需要通过他配偶的成功去增强他自我的价值，也不需要靠他人的收入来做保障。女人吸引男人的是那些与事业、成就无关的品质，而成就对许多妇女来说，则又是她们挑选男人的举足轻重的标准。一个学业有成、工作勤奋的女人不一定就被男人看中，尽管男人可能对她们的自强自立、事业心强加以肯定。

女人们常评论说："好男人"都被人捷足先登"抢走了"，或者说已婚的男人在一定程度上比单身男人更有吸引力。这说明放松的情绪有助于增加个人的魅力，已婚男士只是比未婚男士在举止上更加放松而已，他们能够更加自然地与女人相处，而单身男人与女人交往中往往显得紧张。单身汉在酒吧的情形总是浅薄和无味，单身的男人和女人相互抱怨，但同样两个如果都在放松的环境里相遇，或者一方变得放松起来，就会显得有趣得多，迷人得多。不是"结婚的"都是"好的"，而是婚姻所带来的安全感和自信心，使他们显得比单身同胞们更自然，更洒脱。

男人和女人迟早会发现，在恋爱中不是智力，而是情绪的流露决定着恋爱的结局。要想让爱情巩固下来，男女双方都必须坦荡直率，胸襟开阔——不要伪装，障碍越少越好。一旦其中一个人的举止受到某种先入为主的想法和期望的支配，那么他的情绪就迅速地下降了，这将严重妨碍亲近的可能性。

男人和女人一样，都希望自己的本来面目被对方接纳，也只有自然流露才能够不造作。女人可能采取一种游离于事外的旁观者的姿态，而

男人则采用一种带有预见性的谈话方式，这些都是亲近的大敌。男女越

是轻松自如，他们就越能以新的方式结合。

第四章

爱情不需要理由

面对爱情，你要勇敢一点

爱，是为了获得婚姻的幸福，不能获得婚姻，又死死地执着那份爱，甚至到了非他不嫁或非她不娶的地步，而别人已经对你冷眼相看了，这样的爱就没有意义了。面对过去的爱，曾经给过你幸福的感受，就把它珍藏起来，这样，才能把你的爱变得有意义。

当你遇到一位自己喜欢的人时，在什么都没有开始时，你要是以为"他不一定喜欢我"，那么你可能会真的失去他，失去选择的机会。

还有的女孩开始就想："如果被拒绝了，那该怎么办？"或者，"他态度很冷淡，我如何是好？"

其实大不必存在这些顾虑。如果每个人都这么想，"如果被拒绝，我该怎么办？"那么，你永远也得不到一个真爱！

很明显，问题并不在于会不会被拒绝，而在于克服这种自卑不安的想法以及自愧不如人的心理，这才是问题的关键所在。

假如你很想与自己喜欢的男生约会，你可能会在电话机旁呆坐半天，拿起电话想拨号却又放下了，就这样反反复复，犹豫不定。

事实上，只要你勇敢地拨一次电话，事情就会完全解决，你也就从此挣脱了那种焦急如焚的心境。即使遭到拒绝，也没有什么大不了的事

情，你只要保持轻松。宽容的心情就会感到焦虑不安都是多余。因为你做了件值得和应该做的事情。

你应该知道，这种怕对方拒绝引起的恐惧感，往往比实际被拒绝更使你难受。其实，男子表示冷淡的原因，可能是因为他已经结婚或订婚了；也可能他正有一个热恋的情人，也许工作搞得他很忙碌烦躁；也许他是一个内向羞怯的人；也许他的情绪不太稳定；也许他有些矛盾……这些例子不胜枚举，因此，你完全没有必要将所有过失都归结于你自己。即使你知道对方不喜欢你，你也不要自卑，你可以这样对自己说："我没有什么欠缺，没有他，我也一样可以过得很好。或许，会过得更好！"

你以这种方式和方法来慰藉自己的心灵，稳定自己的情绪，相信在不长的时间里，你就能够再度敞开心扉，露出微笑，把一切的不如意和不愉快彻底地抛除。

其实，被人冷淡、甚至遭人冷落，在人的一生中是在所难免的。如果你太介意了，不是觉得你太微不足道、苍白无力了吗？在现实生活中，往往会因为那么一点小小的机会，就能使你变得快乐无比。机会就可能是身边的任何一件事；任何一个人，只要一出现，你就应想方设法将它抓住，即使遇到再大障碍和挫折，也没有什么可怕。如果你最终真的能找到一位合适的男友，那么，遇到点阻力又有什么关系呢？

处在恋爱状态中的女孩，不要守株待兔，错失良机，去创造吧，敞开你貌似闭塞而狭小的内心世界吧，其实它能容纳生命中更多美好的东西，它可以让你爱个够！当你预感到爱已悄悄地爬上你的心头的时候，请你一定注意：爱，需要含蓄与羞赧；爱，更需要表达！

爱情不能盲目

　　虽然他的经济雄厚、谈吐不凡，但是否真的值得你托付终身？虽然她的外貌出众，气质脱俗，但是否真的值得呵护一生？

　　都说恋爱中的男女智商等于"零"，大多数人都不能客观地、全面地认识恋人的优缺点，即使看到了恋人的缺点，由于被狂热的情感冲昏了头脑，也认为无关紧要或者觉得是"可爱的缺点"，不能正确评价恋人被掩盖的某些人性品质。所谓"情人眼里出西施""爱情使人盲目"，指的都是这个意思。

　　我们不能强求婚姻一定是爱情最纯粹的结晶，然而，面对人生如此重大的选择，一念之差也许会让你一生追悔。

　　著名女作家谢冰莹说："恋爱，在人生的旅途上，是不可避免的遭遇，她是一件和吃饭穿衣一样那么很平常的事情。然而在当事人看来，简直是世间最稀罕最神秘的一件事。他们偷偷地幽会，偷偷地写情书；假使某一方的家长是顽固的，他们在越不能自由恋爱的环境里，爱情便越甜蜜，而且越能如火如荼，不顾一切地去争取！他们可以为爱情自杀，或远走高飞，什么名誉，什么学问，什么事业，他们全不顾及，只觉得两人的爱是伟大的，神圣的，谁也没有权利来干涉，谁也没有力量

来阻止；他们仿佛像一对疯子，什么人也不需要，哪怕世界上没有一个亲戚朋友同情他，他们也觉得没有关系，甚至两人都穷得没有饭吃也不管，反正只要有'爱'便可。"

恋爱之道，最宝贵的是在乎理智。很多初恋的结婚是失败的，其原因就在于这是没有理智的恋爱，没有理智的结婚。但是，恋爱有时是盲目的，在她的眼睛上，蒙上了一层厚厚的情感之网，她失去了理智的判断，她什么也看不见，除了爱；她什么也不想，除了爱，她情愿挨饥挨冻，情愿失学失业……往往一对青年男女，当他们在热恋的时候，只有感情，没有理智，只觉得对方是一个十全十美的人，没有丝毫缺憾，乃至于一颦一笑，一举一动，都觉得美丽无比，所谓"情人眼里出西施"，真是一点不错；然而关于对方的思想究竟如何？性格如何？他的家庭环境怎样？环绕在他周围的朋友是些什么样的人？这一切都应该在恋爱的时候调查清楚，观察清楚。你在情人的面前，不要老表示出你的优点，使他爱慕，使他盲目地崇拜，你应该把你的思想，你的家庭状况，你有哪些特殊的个性也告诉他，使他完全认识你，了解你，如果他真的是佩服你的，他一定爱你的坦白忠诚；否则，你把一切隐瞒起来，将来结婚之后，很快地便会露出你的本来面目，那么不幸的悲剧便会开始了！

同时你在观察对方的时候，也要尽量搜寻他的缺点，不要只顾注意他的优点。你要故意找些问题来试探他的思想，比如你要充分地表示你的个性你的思想，表示你是不能屈服在任何压力之下的。

恋爱应该有理智，不应该单凭情感，这是许多过来人的经验之谈。

恋爱时，双方应该尽量表现自己的个性，寻找对方的缺点，了解对方的身世；如果是经过慎重选择后的婚姻，一定是美满的；否则，你们虽然结合了，到头来还是落得一个劳燕分飞的下场。所以很多初恋的结婚是失败的，其原因就在于这是没有理想的恋爱，没有理智的结婚。

做一个聪明的女人

就像婚姻专家所说的那样："爱情会在不同的人群中产生，良好的婚姻更多地在相似的人中间产生。物以类聚，人以群分。在婚姻中亦是如此。背景和出身类似的人似乎更容易找到共同语言，更容易走得长远。"

现在有一些女孩认为做个传统的"好女人"往往会吃亏，便提出这么一个口号：不做"好女人"。在这群新人类中，有一个姓郑的小姐，她的经历就很能说明问题。郑小姐曾"下海"在夜总会里做"小姐"，其目的只有一个，挣血汗钱供男友留学。但学成的男友回来后，却提出分手，理由是：因为她从事的是不顾名誉的行业。他不如说她淫贱，却说她"不顾名誉"。如果一个男人连分手的理由都必须如此咬文嚼字的话，你实在很难去挑剔他的无情。

谈恋爱时，男女之间往往是将自己最美好的一面展现给对方。可一旦生活在一起后，各自的缺点暴露出来，这就需要双方忍让、包容，凡事不要太较真。

有个女孩结婚没多久，便哭着跑回娘家，气急败坏地向父母诉说再也无法忍受自己的丈夫，因为丈夫在卫生间抽烟，烟灰总是弹在地上

148

而从不打扫；起床后不叠被反说是为了健康；洗脸擦手摸到谁的毛巾就用，怎么说也不改……在双亲的百般劝解下，女孩仍然坚持非离婚不可。父亲想了想，拿出一张白纸和一支笔，递给女孩，要求她每想到丈夫一个缺点就在白纸上画一个黑点，于是她就不停地在白纸上画黑点。在她画完以后，父亲拿起白纸，问她看到了什么，女孩回答："缺点啊，全都是他该死的缺点。"父亲笑着问她还看到什么，她回答："除了黑点，什么都没有看到。""你真的什么都没有看到？"在父亲一再追问下，女孩终于想到除了黑点外，还看到白纸，于是父亲问她："他是否有优点？"女孩想了很久，终于勉强地点了点头，开始叙述丈夫的优点，渐渐地，她的语气缓和了，脸色转"晴"了，最后，她破涕为笑，不再想离婚了。

绝大多数人在婚姻生活中都容易犯同上面故事中那个女孩一样的错误，只看到白纸上的黑点，而忽略了黑点旁边更大的白纸空间。由于只看到对方的缺点，才使得自己陡生怨恨，郁郁寡欢。如果能不执着于黑点，多欣赏黑点后的白纸，就能豁然开朗，常保持愉快的好心情。

西方有句谚语："结婚前睁大你的双眼，结婚后闭上一只眼。"其实，婚姻与玉石相似，再完美我们也可以找出疵点。可说到底，在上帝如炬的目光审视下，我们谁敢大言不惭地说自己是"完美"的人呢？既然自己并不完美，凭什么以完美的标准要求于自己的爱人呢？爱一个人，便意味着全身心地、无条件地接受并包容他的一切，包括他的坚强掩盖下的脆弱、诚实背后的虚伪、才华表象下的平庸、勤劳反面的懒惰，以及他在婚前不曾被发现的种种生活恶习。

　　相信很多人都看过下面的这个故事：新婚之夜，丈夫对妻子说："我这个人有很多的毛病，也缺乏自省能力，有时候做错了事也不知道，你比我有文化，要多多包涵我。"而妻子对丈夫说："人的一生，有许多事情错了是可以改正的，有些事错了却永远不可以回头，所以，我列出10个我能够原谅的错误，如果你犯了这十条错误中的任何一条，我都会原谅你。"婚后，他们的生活果然是有许多磕绊。但妻子却一次又一次地原谅了丈夫。一晃，他们已经是金婚纪念日，丈夫问出了心中长久的疑问："当初你允诺我可以原谅的十个错误是什么呢？"妻子微微一笑："五十年来，我始终没有把十个错误具体列出来，每当你做错了事，让我伤心难过时，我马上提醒自己，还好，他犯的是我可以原谅的十个错误之一。"此时，四目对望中，有微微的泪光闪动。

　　女人可以做自己的公主，但不要指望做全世界的公主。女人的经历可以沧桑，但女人的心态绝对不可以沧桑。女人因为有缺点才可爱。聪明的女人总会把自己的破绽暴露给男人。男人女人之间的较量，输家永远是女人。不是因为她不够聪明，仅仅是因为她更爱他。

　　大仲马曾说："要维持一个家庭的融洽，家庭里就必须要有默认的宽容和谅解。"萧伯纳曾也告诉我们："家是世界上唯一隐藏人类缺点与失败，而同时也蕴藏甜蜜之爱的地方。"柴米夫妻，食的是人间烟火，谁也不可能完美无缺，只要不是原则性的大问题，就不要太过较真，求全责备，而应该多体谅，多包容，这样彼此相处才会和谐，婚姻才得以延续。

　　由此可见，聪明的女人，懂得通过别人去改变自己的生活；智慧的女人，懂得改变生活要靠自己。聪明的女人懂得讨好男人；智慧的女人懂得驾驭男人。聪明的女人看时尚杂志学化妆技巧；智慧的女人丰富心灵。聪明的女人转弯抹角的撒娇；智慧的女人凌厉而直接。聪明的女人漂亮；智慧的女人有味道。聪明的女人想：我一定要怎能样；智慧的女人想：我应该要怎样。聪明的女人了解男人；智慧的女人了解自己。聪明的女人目标是做个智慧的女人；智慧的女人目标是做自己。聪明的女人喜欢把自己的聪明展示出来；智慧的女人则证明出来。聪明的女人用眼睛看世界；智慧的女人用心看世界。聪明的女人认为生活是现实；智慧的女人认为生活是艺术。聪明的女人在错误中改正自己；智慧的女人在别人的错误中改正自己。

有心理学家说，男人有时并非处于爱或喜欢一个女人而和她在一起，很有可能是处于"同情"和"拯救"的心理才这样做的。这也是一部分男人的理性不够所致。如果一个女人对一个已婚男人说，我爱你，虽不能与你结婚，但我愿和你待在一起，不记名份，也不要任何承诺，别抛弃我好吗？通常的男人会抵挡不住这样"优等的条件"——既能满足自我的成就感，又能"一箭双雕"，这样的"美差"，是无论如何也不能拒绝的！当然，这绝非智慧的男人所为之事，岂不知如此"无言的结局"的爱情到最后会给那个女孩及身边的爱人带来多么大的创伤啊！

我们在追求爱情的岁月里，终于发现，爱情不是两个人或者三个的事，而是一个人的。爱情，是自身的圆满。当你了解爱情，你也了解了人生。

聪明的女人会用手段捆住她的老公；智慧的女人则善于激发男人心

灵最深入的仁滋和爱心，两颗心将慢慢地靠近最终连接在一起——这就是爱的智慧。

所以，曾经在爱情中跌得满身伤痕的爱情信徒，不妨学着做一个智慧的女人。因为爱情需要的是智慧不是条件。你还必须懂得爱情路上的失败是如何而来。

爱情需要门当户对

在恋爱的选择上，注意两个人在条件上的般配，这对于爱情生活来说有两大好处，一是俘获意中人有着一定的条件保证，二是能让以后的婚姻获得幸福。

俗话说："穷女嫁富男，如同叫花子拾金；穷男娶富女，如同卖身为奴。"仔细看来，还是很有说辞的。且不说经济条件的对等能让双方说起话来都理直气壮，就算只是学历的差异导致的"信息不对称"，在日后也多少会显现出一些不和的迹象，更不要说双方接受的家庭教育本身差异显著了，因为每个人从小耳濡目染所受的影响一定会在俩人以后生活的点点滴滴中有所显现，如果差异显著就会让彼此矛盾冲突升级。

几天前，我在看一本书时，曾看到一位心理学家这样描写道：在对待爱情这个问题上，就像我们把两个不同重量的物体放在杠杆上，当它们的重量与它们的悬挂点到支点的长度成反比时，就行于平衡状态，这就是我们常说的"杠杆原理"。

恋人之间的相处之道也需要借助"杠杆原理"来进行协调。阿基米德有句名言："给我一个可靠的支点，我就能撬动地球。"恋爱中幸福的支点，有时候不是那些大事，而是在日常生活中一点一滴的关爱与

体贴。不要以为生活中的细节不重要，恰恰相反，在每件小事上给予关怀，更能让对方感到你的细心和温情。

具体来说，我们该从以下五个方面做起：

第一个方面：要调整心态，做到将心比心。多想想："他待我这么好，我该为他做些什么呢？""我希望在交往中感到愉快，那么怎样也使他愉快？"如果能经常地自觉地问自己这些问题，彼此的关系就会更上一层楼。

第二个方面：要懂得付出。恋爱是双方的互动，不要吝啬自己的付出。有时候一件适宜的衣服；一餐精美的食物也能让对方真切地感觉到自己的用心。

第三个方面：要与恋人保持步调一致。两个人完全没有差异是不现实的，在承认差异的同时，我们应该要有意识地和恋人的步调保持一致。

每当两个步伐不一致的时候，马上警觉到这种变化，比如他平时喜欢打篮球，可以尝试去和他一起看球赛；你喜欢流行歌曲，可以让他陪你看场演唱会。在此过程中，你会发现生活变得丰富了，既能满足享受于自己的那份爱好，又多感知了从对方那里获得的另一片天地。

玛雅结婚七年了，都说婚姻有"七年之痒"，可恰逢结婚七年的玛雅却一点也不担心。她道出了维持婚姻幸福的秘诀：我和他永远保持步调一致。

玛雅举了个发生在生活中的小故事：一个周末的下午，她在拖地，而老公正在电脑上斗地主。拖地至电脑桌前，玛雅想让老公挪位置。输了几局的老公似乎寻找到了转败为胜的机会，兴奋地喊着："这把准能赢！"玛雅催了几次，老公仍无动于衷。看着兴奋和孩子般的老公，玛雅放下拖把，凑到他面前去观战，为他加油。结果，老公真的赢了，高兴之余还兴奋地吻了玛雅。老公主动提出，要玛雅在陪他斗几局，然后他在帮玛雅拖地、做饭。

面对老公的行为，玛雅不是发脾气，而是选择了和他一起分享他的快乐。如果当时硬碰硬，他们之间则必定爆发战争。

有时，只需要你做出一些小小的让步，就能将你们俩的关系拉近。聪明的你要学会换位思考，多从对方的角度出发，适当的时候做出让步。

第四个方面：学会使用甜言蜜语。平淡的生活偶尔也需要点甜言蜜语来调味一下。很多恋人在相恋一段时间后总感觉生活中缺少点什么，天天腻在一起，生活日渐平淡，两个人彼此不再有新鲜感。此时，多些甜言蜜语，有助于改善这样的现状。

这时就需要适时用语言送出你的关爱与体贴，而不是藏在心中。正所谓"一句好话暖三冬"。婚姻生活旦，甜言蜜语是少不了的感情催化剂。恰到好处的运用会让你们的感情更加融洽。除了甜言蜜语外，恋人间不妨使用幽默、开导、劝解等办法来解决双方的问题，总之不要让争吵声进入你们的生活。

若想爱情甜蜜，幸福，就要学会用最小的力来支起最幸福的爱情。勿以爱小而不为，相信一点点的关爱、一点点的理解也具有相当强大的力量，强大到超出了你的想象，让你的爱情之花开得更加灿烂。

第五方面：爱人要想维持婚姻的协调平衡，也需要适时的沉默。现在大多数进入二人或三人世界的家庭，拌嘴不断，矛盾时有发生。当矛盾激化时，适当的保持沉默，总比大家扯开喉咙大声吵嚷要好，家庭生活有些矛盾总不希望张扬，与其双方大声争吵，还不如不说话，暂时沉默为好。有的时候，只有在沉默之中，夫妻双方都可能冷静下来，去沉思和反省自己。当然，沉默的时间不能长久，要想到打破沉默的局面，双方的气量都要大一点，要争取主动，主动一方并不等于有错。

总之，构建和谐美满的夫妻关系，是婚姻生活成熟的表现。若想在恋爱中不至于那么辛苦，就要学会用最小的力来支起最幸福的爱情。

为爱情做好准备

结识异性，是恋爱序曲的第一个音符，然而在日常生活中，很多人自身素质及各方面条件都很不错，但工作节奏紧张、生活圈子狭窄使得其没有机会去结识更多的朋友，尤其是异性朋友。城市单身贵族的不断壮大、"愁嫁时代"的来临说明这部分人群的交友需要非常强烈。

其实，想要结识异性朋友并没有那么难，只要你能够按照下面的方法去做，也许就能达成自己结识异性朋友、获得甜美爱情的渴盼。

1. 修正自身的缺点

当别人批评你说话啰唆、没有自信、内向怕羞、太过清高……诸如此类的缺点时，要虚心接受，并加以修正，因为可能正是这些缺点令你难以结识异性。

2. 对自己充满信心

不要因内向、自卑而不敢约会，而应该多想想自己的优点，以使自己充满信心，才令人愿意亲近你。

3. 充满幻想

当闲暇独处时，不妨静静地在脑海中幻想与异性约会的浪漫气氛，到真的遇上了也不至于无所适从、手足无措。

4. 摒弃求全的心理

有些人在结识异性朋友时有一种"宁缺毋滥"的求全心理。然而"金无足赤，人无完人"，自己也不是完美无缺的。因此，你应该摒弃求全的心理，不要太苛求。

5. 引人注意

带本封面设计吸引人，书名有趣的书，别人对书产生好奇心，自然会主动和你谈论关于书的问题，如这本书在哪里买，内容是否吸引人等。

6. 带宠物上街

两个单身人士遇上不知说什么好，可如果有宠物在旁，便可以用宠物做话题，方便不少。

7. 随身携带心意卡

遇上有好感的异性，可以在心意卡上写上想说的话，如"你有某种物质吸引我""可以与你交朋友吗？"然后亲自交到对方手上，或叫小朋友帮忙，如果在餐厅便叫侍应生帮忙。

8. 派卡片

当碰到喜欢的异性，但碍于首次见面，不知如何获取对方的电话，这时就可以互相交换卡片，以便保持日后联络。

9. 参加社交

摒弃矜持及自卑的心理，主动参加一些能与异性交往的社交活动，给自己创造机会。

10. 自办大型活动

自己发起大型活动，如烧烤、野餐、划船等，并鼓励邀约的朋友带他们的朋友一齐前来，让你认识更多人，选择的机会亦多。

11. 转移专长

你好动，便转移发展一些偏静的活动，如摄影、烹饪；你好静，便尝试参加体能活动，如爬山、游泳。这样可以扩阔生活圈子，认识更多人。

12. 学习跳社交舞

跳舞是结识异性的好方法，懂得跳舞会有助你社交成功，如果舞艺了得更是吸引人。

13. 到酒吧去

在下午时分到酒吧去的人多数以放松心情为主，而在午夜时分到酒廊去的人多双结识异性为目标，你不妨也去碰碰机会。

14. 多逛异性店

如你是女的，便去逛男装部，以选购礼物为理由，向身边男性求助，如借身体量度尺码，通常人在选择衣服时，防备心会降低。

15. 多逛书店、音像商店

能够在以上地方遇到志趣相投的异性，很多爱情故事也是这样开始的。

16. 多去超级市场、洗衣店

不少单身贵族都要亲自去超级市场买食品，到洗衣店洗衣物，两处都是结识异性的好地方。

17. 多到健身房去

在健身房会令你遇上不同类型的异性，最好选择男女同做运动的健身房。

18. 多到艺术场地

如果想要结识有个性的异性，艺术家会是首选，到画展、音乐会去，最能接触艺术型的异性。

19. 多参加展览、拍卖会

会议展览中心不时举行大型展览会，如食物节、宠物展，多参加可以增广见闻，结识到专业人士。

20. 多参加婚礼

多参加婚礼可以认识不少单身异性，大家在欢乐气氛的感染下，能够快速地敞开心扉，消除顾虑，与异性打成一片。

21. 多参加同学聚会

在聚会中，可能会碰上阔别多年，至今仍孑然一身的小学同学、中学同学，或许你们有可能由老同学关系发展成为情侣关系。

22. 加入专业协会

假如自己是专业人士，如医生、设计师，可以加入专业协会，以认识更多志同道合的人。

23. 多交笔友

以书信做沟通，虽然会有很多的假象存在，但总算有精神寄托和交流，同时从文字表达，可以对对方有一定认识。

24. 去旅行

独自一人去旅行，参加旅行团也可以，或许会在旅途中或异地遇上心仪的异性。

25. 请别人介绍

向亲朋好友表示想结识异性朋友，让他们为你留意适合的人选，机会可增加不少。而面对他人的热心介绍，应该打消顾虑，去掉包袱，自然坦率地接受。

26. 善用微笑

微笑能够增加别人对你的好感，但笑要由内心发出来才具魅力。同时要谨记笑容要持续三秒以上，可在心中数着"一千零一""一千零二"和"一千零三"，如若不是这样做，你的目标可能未必愿意会到你愿意和他接近。

27. 克服恐惧感

要打开话题，便要先开口，由于恐惧，害怕拒绝而不敢开口，便错失很多机会。可以尝试多与身边的人打招呼来练练胆子，包括邮差、售货员、邻居等。

28. 随意展开话题

可以与异性说些无伤大雅的话题，比如关于时间、方向或天气的话题。如果你羞于启齿的话，尝试坐在你的目标身边，然后温柔地叹一声，这样也会很容易引发对方的反应而展开对话。

29. 大胆赞美人

遇见有好感的异性时，大可以勇敢地赞美对方，如"你的声音很动听""你的舞姿很优美"等，不仅可以引起对方的注意，也可以在第一时间博取对方的好感。

30. 尽快表明身份

让与你初相识的人知道你是单身，使对方有机会考虑你，最不明智的是故作神秘，乱戴结婚戒指，对方一旦以为你是有家室之人，自然便会打退堂鼓。

31. 适时表白

向别人提出约会，别人犹豫不决时，不要太早打退堂鼓，因为对方未必对你没兴趣，可能正在考虑中，这时你应该耐心等候，再次争取。

32. 多给对方一次机会

两人首次约会时，可能会因为太过紧张而给彼此留下不太好的印象，在这种情况下，不要断然终止与对方的交往，最好能给对方也给自己再一次约会的机会，然后才考虑应该继续交往还是终止交往。

33. 到婚姻介绍所去

这是最后一种结识异性的方法，不过需注意的是，最好选择那些名声好、靠得住的婚姻介绍所，以免受骗。

善于表达爱情

当然，在你明白了这些是认识异性的地方时，你还必须要懂得约会时所需要的言辞。其实，并不是每个人生来就擅言辞的，从言辞拙劣到善于言辞也是一个逐渐学习的过程。相信有一天你也会变得妙语生花，赢得自己心仪的女朋友。

很多青年朋友都有这样的体验，平时自己的口舌尚算伶俐，在同性朋友中侃起大山也没有在乎过谁，偶尔遇上自己心中不存在幻想的异想也能间或幽上一默。为何与女友约会时总是或三缄其口，或词不达意呢？

首先，约会时不能顺畅地表达，从容应对是因为我们的情绪处于较为紧张状态。心理学告诉人们，紧张的心理会导致大脑思维缓慢甚至停滞不前。而外在的言语是思维的结果，这样紧张的情绪状态就必然引起语言表达上的麻烦了。

其次，约会前的心理调节。我们应该清楚最初的约会仅仅是谈恋爱三部曲的第一部。一般说来，"谈"是双方选择的过程，"恋"是双方空间距离的缩短，表现为难舍难分，"爱"则是双方心理距离的肖除，出现卿卿我我的恋情状态。既然约会仅仅是"谈"的开始，它本身就是

一次选择过程。因此，我们没有理由过于看重它，而给自己增加心理压力，否则，一旦心理紧张，反而影响自己的"临战水平"的发挥。

其三，约会中的心理暗示。尽管我们在认识上有充分的心理准备，但是双方见面还是难免出现局促紧张的情绪。大家都知道自己是来干什么的，因此，为了消除这些紧张的因素，应注意暗示自己；对方也很不自在，没有过多的精力来注意我的言行，我随便说说就是了，越轻松就越能发挥"水平"。默念这些暗示语之后，我们的心表就会平静多了，语言表达也就利索起来了。

其四，最初几次约会，为了开阔思维，方便谈话，避免出现"冷场"，在选择场景时也要注意。不要在僻静的房子里，也不要在冷清的公园一角，要尽可能地选择"边走边说"的方式，我们知道话题的多寡取决于周围刺激（信息）量，双方守在一个静谧的氛围里，自然只能了无生气。"边走边谈"便可从街面上闪烁的霓虹灯、过往的人群、接踵而至的告示上得来谈资，从而左右逢源，侃侃而谈了。

其五，利用"请君介入"法，烘托气氛，激发对方参与兴趣。约会时，不管哪一方，即使你有出类拔萃的口才，唱"独角戏"也是不成功的。只有双方你来我往，你一言我一语盛情才会更进一步。因而，采用诸职马克思寄小圆镜给燕妮之类的"爱情阴谋"来放松情绪，调节气氛，消除双方因过多顾虑而带来的过于谨慎的言谈是非常必要的。同时，因为气氛和谐，对方的自然参与会给谈话的话题选择提供机会和灵感，从而了你发挥口才的便利条件。

其六，约会时因为一次"冷场"，往往会给双方带来较为严重的负

164

面心理积淀，这种负面心理会化作一种沮丧、退缩的行为，从而进一步影响以后约会的语言表达能力。这样，连锁式地积累下来，即使你有着很好的口才，约会时也会变得沉默寡言起来。因此，我们提倡在约会时尽力做到"少吃多餐"，即每次见面时间不要过长，相互之间留有一份牵挂、一份思念，提高来日见面约会的兴趣。这样做每次见面后，我们都有一种谈话兴致未尽的感觉，同时，约会时话题多且新鲜，也有效地防止了"冷场"。

其七，约会时尽可能安排一些活动，比如一起去夜大上课、打网球、参观艺术展、郊游等等。从心理学观点看，有活动相伴，人的机体会得到有效的放松，从而达到缓解脑神经的抑制过程，开拓思维，轻松表达的目的。这样说我们可能更容易理解，我们常常看到少女约会时总要拿条手绢在手里摆弄不停；男士谈判时遇到棘手的问题往往要不停地跺脚等，这些都是因为内心紧张焦虑、心理失衡导致的。不平衡的心理蕴藏着机体的内在躁动，它必须通过外在的活动释放出来，才能使心理恢复平静。可见，约会有意识地安排一些活动，可以防止心理紧张，让我们轻松自如地谈吐，愉快而又不失雅趣。

恋爱语言的妙用

在婚姻的征程中，两口子斗嘴是常见的事情。但我们需要知道的是，斗嘴不是吵嘴，不是发生口角。天真无邪的斗嘴是"爱的食料"。再温顺的男人女人，也免不了发脾气的时候。发脾气发到最后，男人是希望世界能安静下来。发脾气发到最后，女人是希望世界能热闹起来。因为女人说"烦"，目的是为了让他哄让他陪。男人说"烦"，目的是想请她暂时性离开。女人心情不好，就是为了让男人看到。男人心情不好，是真的不想看到女人。

玩过碰碰车的人都知道，那乐趣全在于东碰西撞、你攻我守。这种游戏的新鲜与刺激绝非四平八稳地自行车能比的。在许多青年恋人中，尤其是有较高文化素养的情侣们中间，有一种十分独特、有趣的语言游戏，很像这种碰碰车游戏，那就是"斗嘴"。台湾女作家玄小伸缩在她的短篇小说《落梦》中，就描写了戴成豪和谷湄两位恋人间的一般"斗嘴"——

"我真不懂，你怎么不能变得温柔一点。"

"我也真不懂，你怎么不能变得温和一点。"

"好了……你缺乏'柔'，我缺乏'和'，综合的话，我们的空气一直缺少了柔和这玩意儿。"

"需要制造吗？"

"你看呢？"

"随便。"

"以后你能温柔点就多温柔点。"

"你能温和也请温和些。"

"认识四年，我们吵了四年。"

"罪魁是戴成豪。"

"谷湄也有份。"

"起码你比较该死，比较混蛋。"

不难看出，这对恋人，两人彼此依赖、深深相爱，但是两人都具有独立不羁的性格，谁能想改变对方，而谁又都改变不了自己。然而从两人针锋相对的话语里，分明感觉到他们彼此的宽容、彼此的相知，我们会很真切地感受到浓浓的爱意从他们的内心流溢而出。这段对话十分典型地反映出恋人间"斗嘴"的特点：

一是目的的模糊性。恋人间斗嘴一般并非要解决什么实质性的问题、做出什么重要决定，而仅仅是借助语言外壳的碰撞来激发心灵的碰撞，从而达到两颗心的相知与相通。因而恋人们常常为一句无关紧要的话、一件微不足道的事"斗"得不可开交，局外人很难俯到其中的奥妙与乐趣。

二是形式的尖锐泼辣。恋人间的斗嘴从形式上看和吵嘴很相似。你有来言我有去语；你奚落我，我挖苦你；毫不相让，锱铢必较。但也吵嘴根本不同的是："斗嘴"时双方都以轻松、欢快的态度说出那些尖刻的言辞，有了这层感情的保护膜，"斗嘴"就成了一种只有刺激性、愉悦性却无危险性的"软摩擦"，成了亲密与娇嗔的最好方式。不难想象，当谷湄说出"起码你比较该死，比较混蛋"时，脸上是带着亲切而顽皮的笑容的。如果换一种冷若壮举霜的态度，那么这句话就不再是斗嘴，而变成辱骂了。

正因为斗嘴具有形式上尖锐而实质上柔和的特点，它就比直抒胸臆式的甜言蜜语有了更大的展示情人间真实感情与丰富个性的广阔空间。所以沐浴爱河的许多青年男女都喜欢进行这种语言游戏，在这种轻松的游戏中，同时也调剂爱情生活，使恋爱形式更加多姿多彩。

《红楼梦》第十九回写贾宝玉到黛玉房里，见她睡在那里，就去推她，黛玉说："你且别处去闹会子再来。"宝玉推她道："我往哪里去呢？见了别人怪腻的。"黛玉听了，笑道："你既要在这里，那边去老老实实地坐着，咱们说话儿。"宝玉道："我也歪着。"黛玉道："你就歪着。"宝玉道："没有枕头，咱们在一个枕头上。"黛玉道："放屁！外头不是枕头？拿一个来枕着。"宝玉看了一眼，回来笑道："那个我不要，也不知是哪个脏婆子的。"黛玉听了，睁开眼，起身笑道："你真是我命中的'天魔星'！请枕这一个。"她把自己的枕头让给宝玉，自己又拿一个枕着。

这一段"斗嘴"，就是为"抢"一个枕头，事很小，语言也都是很普通的日常口语，而且黛玉骂的毫不客气，要在一般关系的男女之间，这一句话就会伤了和气。但在恋人之间，打是亲，骂是爱，斗嘴只是示爱的一种活泼而随意的方式，所以宝玉和黛玉都没有因斗嘴而斗气，相反却越斗越亲密。

斗嘴不仅仅是一种语言游戏。有时它还是消除恋人间摩擦的一种别致而有效的方式。比如你和女朋友出外旅流，很不顺利，不是走错路线，就耽误了食宿，这时候女友就会撅起小嘴抱怨："哎呀，怎么跟你在一起就老是碰到倒霉的事呢？"面对指责，你可不能跟她动气："嫌我不好，你另找别人！"这样谁都不好看，还会伤了感情。你不妨跟他斗斗嘴：

——对啦，我们就是夫妻命嘛！

——什么叫夫妻命？不该倒霉吗？

——夫妻就是要共患难呀！想想看，要不是有你在身边，我一个哪里应付得了这些？

相信她听到这些话，气自然会消的。

既然斗嘴是一种有趣的语言游戏，那么它和别的游戏一样，也有一定的"规定"需要恋人们特别注意。

1.要把握好感情的深浅

谈话有一个总的原则："浅交不可深言。"这话同样适用于恋爱中。如果双方还处在相互试探、感情朦胧的阶段，要想以斗嘴来加深了解，可以选择一些不涉及双方感情或个人色彩的一般话题，例如争一争是住在大城市好还是隐居山林好，斗一斗是左撇子聪明还是"右撇子"聪明等等，这样双方可以不受拘束，"安全系数"也大。如果已是情深意笃，彼此对对方的性格特点都比较了解，斗嘴就可以嬉笑怒骂百无禁忌。

2.最好不要刺伤对方的自尊

恋人间斗嘴，最爱用谐谑的话语来揶揄对方，往往免不了夸张与丑化。但是这种夸张与丑化，也要照顾到对方的自尊，最好不要涉及对方很在乎的生理缺陷或他很敬重的父母，也不要挖苦对方自以为神圣的人和事，否则就有可能自讨没趣，弄得不欢而散。请看下例：

——你说，你最崇拜谁？

——我最崇拜我爸爸，他是个真正的男子汉。什么伟人、英雄、他们都离我太远。

——那你认为你爸爸就是你心中的上帝？

——那当然，你不服气？

——你这个上帝只不过是修鞋的，有什么了不起？

——好啊，你看不起我，我，我今天算把你看透了……

这样的斗嘴就得不偿失了。

3.要留心对方的心境

斗嘴因为是唇枪舌剑的交锋，就需要有一个宽松环境、充分的心灵余裕，才能享受它的快乐。因此斗嘴时要特别注意恋人当时的心境。大家都有这样的体验，心情愉快时，可以随便耍嘴皮、开玩笑。可你却来一句："你怎么啦？满脸旧社会，像谁欠你二百吊钱。"你准会受到抱怨："人家心烦得要死，你还有心逗乐，我找你这个穷光蛋真倒透霉了。"这样，斗嘴的味道就会变得苦涩了。

青年朋友们，当你们已经开始以甜言蜜语腻味的时候，不要忘了玩玩"斗嘴"这爱情碰碰车！

第五章

大胆说出你的爱

大胆说出你的爱

向心仪的人表达爱情，这是一种最甜蜜、最伤神、最微妙的情感活动，时机成熟时，要勇敢、果断地道出你的爱意，让你爱的人知道你的爱，这样，你才能叩开美丽而甜蜜的爱情之门。就算对方真的拒绝了你，最起码你的勇敢让他觉得你很了不起，同时你也知道他心里的想法，你便完全可以放下一百二十个心，去找你的另一个他！而且在以后的日子里，你也不用老折磨自己：如果我当时对他说了那句话，结果会不会比这个人在一起要好呢？

1945年，二战的战火停息了，在英国伦敦的港口，有无数的人拥在那里等待着返回欧洲大陆。突然一个女人在人群中狂呼："我要和那个戴黑帽子的男人说话！"她和那个男人之间隔着层层的人流。于是她的话就像石子在水面上跳跃着被传了过去。那个男人翘首问："她要说什么？"水面就跳过一排："她要说什么？"女人高叫："不要走，我爱你！"传话的人兴奋极了，发自肺腑地把这句话传给下一个人……最后这句话被传给了那个男人，他露出惊喜之色，而后不顾一切地朝那个女人的方向挤去……

爱情要靠自己努力争取，不要用缘分来解释所有错过，缘分从来都

把握在自己手里。给自己一点勇气，低下自己"高贵"的头，大胆、果断、坦率地向心中钟情的说出："我爱你！"就可能获得一份甜美的爱情。

然而，在现实生活中，却有很多人羞于开口向自己的心上人表达爱情，尤其是女孩子，那份矜持，往往使她们错过了一生中最美丽的缘分，只给自己留下满心的不舍和永远的遗憾……

杨东和李梅是一对非常恩爱的夫妻，当人们问起他们是谁追谁的时候，杨东总会红着脸说："当然是我追她的了。"

杨东是个不显山不露水的低调大男孩，他在她面前曾自卑过——他的经济实力太差了，没有父母的帮衬，自己只有三四万的存款，在北京买个三平方米的厕所都不够，到什么时候才能娶上媳妇呀？

杨东曾做过单身终老的打算，现在的女孩子都那么物质，谁肯嫁给一个相貌不出众，没有背景的穷光蛋呢。所以，他一直不敢爱，自从在学校里有过一次初恋就再没谈过恋爱。直到与李梅成为同事，竟对这个小他五岁的女孩日久生情了，就像那首歌里唱的，"爱一旦发了芽，就算雨水都不下，也阻止不了它开花"，爱情之花就在没钱、没车、没房的"三没"物质基础上顽强地生根发芽了。最后，李梅没架住办公室恋情那无微不至的关心与照顾，杨东连表白都省了，李梅流着感动的眼泪，吃人嘴短般地投怀送抱了。

杨东言简意赅地讲完自己的爱情史后，李梅的头摇得像拨浪鼓，"其实你说得不完全正确，确切地说，是我看上你了，你也喜欢我，所以我玩了个小心计，把你设计了，你以为我没心没肺的，其实，咱们

174

俩的交往，看起来是你成功地追上了我，其实是我成功地'勾引'了你。"

众人皆惊，杨东也不可思议地看着李梅。一直以来，李梅在他心里的形象都是个活泼、开朗，每天就会想着玩，会傻笑的小女孩，没想到她竟有这样的小聪明，更没想到的是，杨东随着李梅回忆起来，发现李梅的论断的确是言之凿凿。

在杨东对李梅动心的初期，一直压抑着自己的感情，平时对李梅仅限于上班时间的关心和照顾，对恋爱或是进一步交往只字不提。李梅看在眼里，急在心里，就动了点小心思。

有一次，在人满为患的电梯里，李梅和杨东并排站在最后，靠着墙，李梅用手指勾了杨东的手一下，杨东的身体像触了电一般，下意识地抖了一下，赶忙把手移开。他偷偷地看了李梅一眼，那个小妮子嘴角微微上扬，表情若无其事，可手底下却忙活起来，她索性用小手指勾住了杨东的小指，杨东不敢看她，眼睛直直地看着前面人的后脑勺，他幸福得几乎快晕倒，可是这种幸福只持续了十几秒，电梯无情地到了十五楼，他们俩像什么都没发生过一样一前一后地走进了办公室。

杨东承认，从那天以后，他心里就不平静了，头脑里哪儿哪儿都是李梅的影子。对待李梅更是好上加好了，似乎也有了一点"更进一步"的信心。

李梅总结道："我仔细研究过你的日志，观察过你的朋友，评估过你的身体健康情况，并且对你为人处世方式也认真分析过，你就是我的最好伴侣，我觉得我遇到宝了，也坚定了要尽快与你挑明关系的决心。

但是我深知如果我不流露出一点心意，你绝不会主动走出那一步的。"

过不了多久，他们的恋情公开了，李梅像办展览一样，把杨东介绍给她的闺密、家人、哥们兄弟，经过自己亲友团的认可后，就下定决心要嫁给杨东，一起去追求幸福生活。

他们的婚姻就目前来看，稳定、理智又和谐，而且我深信会一直这样稳定、理智又和谐下去，因为，他们都觉得自己通过努力赢来爱情，找到了想找的人。

善于调配你的爱情

聪明的女人应该是个调配爱情的高手，她怀着浓烈的爱心，热情而周到地去体贴自己的夫婿，反而更容易激起他对你更大呵护的回报。

有时候，爱的付出体现在一些小事上，费力不大，却影响不小，可令男人深为感动并怀念你的好，换得更深挚的关爱。

什么时候老公最需要一杯热茶或是咖啡？是他工作了一整天，刚刚进门，身心疲惫的时候；或在工作中受了一些挫折，心情很差的时候；不知为什么，老公只是想一个人静一静的时候……如果你在这种时刻送一杯热茶（咖啡）在他手中，然后离开，让他独处。如果他在卧房或书房，那就帮他轻轻地把门带上，那么你的男人一定也喜欢这样。

这种贴心的照顾，不是最爱他的人怎么能做得到呢？茶的浓淡、咖啡要不要加糖或拌匀，大概是你最能掌握的吧！此时切忌絮絮叨叨地问他"要茶还是咖啡？""咖啡要加糖吗""要不要拌匀""你要喝什么茶、香片？乌龙？绿茶？普洱？铁观音？"你开茶艺馆啊？疲惫的人心或心绪不佳的人，实在没有多余的心力管这么多。你就照平常的方式做好了。那杯茶（咖啡）的内容如何其实并不重要，重要的是它象征的体贴和关怀。

要想笼络住老公的心，就得从日常生活中的小细节入手，去打动她。以下给你提供种讨他欢心的方法，相信会让他加倍迷恋你。

通常情况下，青年男女在相互表示关心帮助时，都比较谨慎，而且常常是拉着几个同伴一起行动，很少单独向对方表示。如果你发现他得对你格外关心，独自悄悄地给你出乎意料的帮助，至少说明你在他的心中占据了重要位置。

比如，你脸色不好，别人都没有看出来，只有他会悄悄地询问你："怎么了？是不是身体不舒服？"你遇到一件不愉快的事，他当时并没在场，事后却主动向你表示慰问或劝导，这明显是从别人嘴里打听到的情况，说明他在时刻关注你。你偶然因故缺勤，他会很快发现并不动声色地打听你为什么没有来。单位有什么好事或不利于你的事，他会很快地告诉给你，为你高兴或忧虑，等等。

当他洗完头，湿淋淋地走出浴室的时候，你会做什么？熟视无睹？丢给他一条毛巾？或者帮他把头发吹干？

如果你能拎一条干毛巾，亲自为他擦拭，再用吹风机帮他吹干头发，他一定觉得自己是世界上最幸福的男人，你是世界上最细心的妻子。

吹头发的时候，一手拿着吹风机，一手要把湿头发弄松、拔开。吹出好看的发型……做这个亲昵的工作，你一定得"近距离"操作，而且有肌肤之亲。于是，就这么挨挨碰碰、磨磨蹭蹭，你说怎能不亲密呢！

如果你的男人一向自己吹干头发，你可以问："今天你要不要洗头？我可以帮你吹喔！"

你的男人可能不敢相信自己那么幸福，说不定他会假意地推辞一番："不用啦！"不过，通常只要你坚持一下，他就会乖乖地"就范"，而且还会在心里对你产生几分好感。

感谢丈夫为你做的付出。

当他为你做了一件事，不管那是需要花很多时间的"大事"，或是很容易做的"举手之劳"，你都应该由衷地表示你的感激。一方面这是很好的习惯，表示别人对你好，你都放在心上；另一方面，这是绝佳的示范，让你的男人也学会对你付出的点点滴滴都心存感激，并牢记在心。

你可能没有这样的习惯，或不觉得它很重要。举些例子，你便可以举一反三：你的丈夫把碗洗好了，你拿一张擦手纸或一条毛巾给他，对着他甜甜一笑，说："谢谢你，辛苦了！"

你的丈夫为你拿来一杯茶，你马上说："啊！谢谢！你怎么知道我正想喝？"

很多人一直谈不出好恋爱的原因，是不肯面对自己是什么样的人，当然也就不清楚真正适合自己的对象，应该具备哪一种性格上的特质。其实，他的个性如何？情绪容易失控吗？在听到你要分手的时候也许会因情绪失控而做出对你不利的举动。如果真有这种可能，而你又打算用面谈的方式说分手的话，建议你要慎选分手的地点。

你可以找个人多的地方趁其不备的时候向他说分手，然后坚定地转向离开。例如在热闹的中餐厅里不经意间说出分手，有那么多的服务员在侧，相信对方只能黯然接受。或者到公共场所这种常常有警卫巡逻的

地方也很不错。例如在对方的办公楼向对方说你想分手，就算对方得想动粗、动手，也会因为旁人的眼光而稍加节制。

除此之外，任何能够让对方感到不能自由自在、比较拘束的场合，都可以避免对方因为乍然听到分手而做出对你不利的举动。

正确选择你的爱情

选择适合自己的对象去爱，比用什么方式去爱，都重要得多。可惜大部分的人，都是花了太多的心力在调整爱的方式上，直到有一天，弄到精疲力竭、走到无言以对，才发现，所有关于爱的努力，都必须建构在适合自己的对象之上，才会有意义。

舒启国第一天到公司上班，他坐在982路公共汽车上，站在他身边的一个长发女孩引起了他的注意。女孩长得并不是十分漂亮，但看着这个女孩，在舒启国的心头涌起似曾相识的感觉，就不免多看了她几眼。女孩偶然发现舒启国在看她，脸一下子也红到了耳根。

从那以后，这个女孩在舒启国的脑海里总是挥之不去，他总希望能在982路公共汽车上再次碰见她。

一天，舒启国下班坐上公共汽车刚走一站地，发现那个女孩也上了车。不知为什么，一看到女孩，倒让舒启国这个大男孩的脸感到热得发烫，而这个女孩到没有注意太多。这时，车上已经没有空余的位子了，女孩只有在离舒启国不远的地方站着。

不知为什么，舒启国感到自己一定要认识这个女孩，他站起身来示意女孩说："你坐这儿吧。"女孩连一声"谢谢"也没说就坐了下来，

因为她以为舒启国要下车。舒启国也没说什么，就站在女孩的身边。女孩中途要下车，舒启国又坐到了原来的位子上。在他坐下之际，女孩回头看了他一眼，脸上露出一丝笑意。

之后，舒启国下班以后常常会往前走一站地，他要等那个女孩一起挤车。渐渐地，舒启国成了那个女孩的熟面孔。一次，他们在车上坐得很近，车上人也不多，他们自然地攀谈起来。原来女孩工作的单位离舒启国的公司很近，一个在五街，一个在七街，两个人只相隔一条街。

舒启国与女孩天天相遇，从那次攀谈以后，他们见面开始打招呼了，偶尔坐在一起时也聊一些生活和工作上的事，令舒启国兴奋的是，女孩和自己一样也还是一个单身。舒启国想向女孩贴近一些。有一次，舒启国来到女孩等车的站台，女孩也正走过来，这时，天突然下起了雨，舒启国马上拦住一辆的士，等女孩走过来时，舒启国对她说："要搭便车就上来。"女孩正被突如其来的雨所困，没有一丝犹豫就上了车。

女孩住在中途的一个小区里，舒启国让的士一直把女孩送到她家的楼下。从那以后，他们像一对老朋友，在车上一见面就会闲聊开来。这样，一年过去了，他们对彼此都有了深入的了解。

在一个七夕节那天，舒启国给女孩定了一束花，他在花里的留言卡片上写道："在旅途中，为了我们漂亮的女孩不孤独，我愿意陪伴你。"女孩收到花以后，马上就给舒启国打了电话："谢谢你的花，可我今天晚上能干什么呢？"

于是，从七夕那晚，他们就开始约会了。一次，舒启国告诉女孩，其实他每天下班都会多走一站地，目的就是想和她乘同一辆巴士。女孩听后，第一次紧紧地与舒启国相拥在一起……如今，这个女孩成了舒启国的妻子，他们更成了很多人羡慕的幸福一对。

爱上不对的，所有的努力，虽不至于完全白费，但一定会在岁月中变成一种遗憾、一声唱叹！当他不爱你的时候，请不要失去自己的自信。因为，当他不爱你的时候，也一定要祝福他。有了爱，便不该有恨。爱是美好的。恨却丑陋。何必让生命中最美好的东西化作丑恶呢？也不要觉得不公平。关于离去。他失去的是一个爱他的人，而你失去了一个不爱你的人，却得到了一个重新生活，重新去爱的机会。

如果你不爱一个人，请放手，好让别人有机会爱她。如果你爱的人放弃了你，请放开自己，好让自己有机会爱别人。有的东西你再喜欢也不会属于你的，有的东西你再留恋也注定要放弃的，爱是人生中一首永远也唱不完的歌。人一生中也许会经历许多种爱，但千万别让爱成为一种伤害。

学会孕育自己的爱情

我们知道，孕育爱情，就像栽培植物。不同的植物，所需要的阳光和水分都不一样，搭配的土壤和养分也不尽相同。

设定挑选别人的条件之前，先认清自己的物质爱情的种子，有可能在一夜之间萌芽，但破土而出以后的生命，就需要悉心照料，不要因为自己的门不当户不对毁了属于自己的爱情。

从梁山伯和祝英台，张生和崔莺莺，到白马王子和灰姑娘，"门当户对"的观念总是以棒打鸳鸯的丑陋面目出现，为追求爱情自由的人们口诛笔伐。尤其是随着社会的发展，婚姻自主，恋爱自由，热血男女，只要倾心相爱，哪管他门当不当，户对不对，便很快进入热恋状态。

然而，当他们准备正式步入婚姻殿堂的时候，那些被公认为"门当户对"者，绝对多数都能顺利通过父母和亲友关，除非当事人本身条件太次。而那些被认为"门不当、户不对"者，却往往要面对父母、亲友的百般阻挠。有多少孝顺的儿女，为了不伤害亲情，而最终放弃了爱情，而这段刻骨铭心的爱情无不对将来的婚姻生活产生深远的影响；又有多少恋人不愿牺牲爱情而牺牲了亲情，才最终和心爱的人在一起。

不可否认，也有许多"门不当、户不对"的恋人，或因双方亲属通情达理，或因个人条件十分优越，而最终结成婚姻的伴侣。而在这其中，有多少有钱有势的公婆或岳父母，只接受儿媳或女婿，而瞧不起地位低下或贫穷的亲家一方；有多少父母进不了"高攀"了的儿子的家门，或者即使进去了，也是被儿媳呼来唤去地当保姆一样地使唤；有多少贫穷的丈母娘，因为牵挂女儿而照顾女儿的产期，而最终却因受不了亲家或女婿的欺辱而被迫离开，而那条通往闺女家的路也从此被斩断……

本来是一段好姻缘，却最终因双方的家庭出身、生活习惯等方面"门不当、户不对"而走向了分手。由此可见，对于"门当户对"这个刺耳的词语，如果你只要爱情不要婚姻，你完全可以藐视它；但如果你既要爱情又要婚姻，那就应该正视它。

也许有人可以拿出灰姑娘穿上水晶鞋找到白马王子这样的故事来批驳这种观点，但这样的故事始终都是童话，作者只是写到"他们举行了盛大的婚礼，从此过上了幸福的生活"就戛然而止，而从来不告诉我们最后的结局。其实，"门当户对"才是破解水晶鞋魔力的金钥匙，来自不同家庭的夫妻如同灰姑娘与白马王子，往往有着迥然不同的生活习惯、观念和爱好。他们甚至连看什么内容的电视，买什么价钱的衣服都无法达成一致，毕竟双方的眼界、观念差别太大了，感情再好也会被现实的摩擦一点一滴地消磨殆尽。

当然，任何事情都不是绝对的，与谈婚论嫁要适当考虑"门当户对"观点相悖的现实情形也是有的。有些青年男女就是在当初"门不当、户不对"的情况之下，也并没有经历过恋爱、结婚的一波三折，便

十分顺利地过上了幸福美满的婚姻家庭生活。但这只是生活中的个案，并不带有普遍的现实指导意义。

我过去工作过的那个单位有位年轻的女孩，容貌身材都挺不错，文化层次也还可以，只因她的父母都是普通工人，家里经济状况自然不是很好，于是，她便总想找一个家境富裕的人托付终身。耐心寻觅了几年，她终于与一位私营企业主的儿子结了婚，我也应邀去喝了他们的喜酒，那婚宴的排场是我从未见过的豪华和气派。然而，不到一年，我就听说他婚姻破裂了。原来，男方的父母根本就瞧不起她是一个穷人家的姑娘，总盼着自己的儿子找一位富翁家的女儿以求"门当户对"。她向我诉说自己的遭遇时，非常后悔当初没有采纳我对她的一些劝告。

或者说，"门当户对"的婚姻并不能绝对地决定婚姻的长久，但符合这个条件的婚姻远比那些不符合这个条件的婚姻经得起考验，尤其是在现实生活中。

因此，奉劝年轻的少男少女们，造成别被诸如此类的媒体报道事例所迷惑，特别是那些家境较贫寒的少男少女们，造成不要上那些带有传奇色彩的离奇爱情故事的当，偏偏去攀什么高枝把自己的婚姻定位在更高的目标上，而应该适当地考虑"门当户对"，如此不仅可避免一方的自卑，还可避免婚后许多预想不到的后果。

当然，我们也赞成年轻的朋友有更远的目标有更高的理想，那就趁着年轻的大好时光，加倍努力学习和工作，创出一番自己的实际事业来，为自己将来的谈婚论嫁增添"门当户对"的某些条件筹码，以寻求更高层次的爱情和婚姻的理想目标。

每一段爱情，都会从激情走向平淡。开始时电击般的兴奋和痴情，慢慢变得温和平静，少了冲动，开始觉察心中人的缺点，也会为失去新鲜感而烦躁不安。其实，爱，不过是在繁华落尽后留在身边的那一个。只是，你愿意与谁一起去看那细水长流？

爱情也需要照料

　　爱情也需要照料，照料的方式，虽有原则可遵循、有技巧可学习，然而，最重要的还是你要知道：男人伤心的时候，像个"大男孩"。这时的你不妨挨着他坐下，双手环抱着他，静静地陪伴着。方便递几张纸巾给他，当然很好。不过，如果因为要拿面纸而离开他身边，不如干脆不要拿，就让他把眼泪落在你的衣襟上吧！

　　另一种亲密的姿势是：你站起来，搂住他，这时他的头会正好位于你的胸前。能够埋头在你软软的胸脯上大哭一场，他的情绪很快地就能平复。

　　这种姿势有没有让你想起什么？很像母亲抚慰伤心的孩子，是吗？那又怎样，我们很容易发现，你的男人其实也是一个"大男孩"，这样能够让他得到最大的安慰。你的善解人意与温柔，一定会让他感动万分。

　　印象中的男子汉总是刚毅勇敢，侠肝柔肠。但恋爱不久，你会发现并非如此。其实你有没有注意过，他特别喜欢的小点心是什么？也许是牛肉干、也许是凤梨酥。只要他说过，你能放在心上，那就最棒了。就算他从来没说过，你也可以观察到：上次买某种点心回家，他吃得好开心。这些，都是让他快乐的"线索"。

"点心"当然不能当饭吃，天天吃，也不是人人都负担得起，更何况天天吃就不稀奇了，还容易生厌。所以，不定期地买一些他爱吃的东西，宠宠他的胃口，那份点心里便藏着浓浓的爱意。尤其是在你出差或旅游的时候，若能惦记着他爱吃的东西，为他带回家，更能让他开心得像孩子一样了。

现代社会中，随生活节奏的加快，人们日益感到困惑与苦闷。男性的心理负荷愈加沉重。人们需要通过各种方式和渠道发泄心中的郁闷，以缓解紧张的情绪，寻求安慰和支持。抱怨便是其中的一种方式。

对生活缺乏信心的人犹如沙滩上的泊船，灰暗而毫无生气。诗人里尔克有句名言："挺住，意味着一切。"清醒而冷静地面对生活，远离焦躁和沮丧的人，其生命已进入一种全新的境界。这需要长时间的历练。

爱情不是盆景，精致而脆弱。这旨一棵实实在在的大树，狂风袭来时双方需要它粗壮的枝干来依靠；烈日当空时，双方需要它的浓荫来做庇护。你应该提醒丈夫认识到自身对爱情应负的责任，而责任恰恰能成为动力。

给他关怀的同时别忘了激励，这样才能使他不断地暗淡下去的生活得以重现光芒，爱情的天空才能晴朗，爱的翅膀才能"在春华秋实的幸福中栖落"。

除此之外，在爱情的照料方面，如果我们能以顺着植物品种的特质来栽培的话，你的爱情会更加的幸福。

我们知道，仙人掌耐干、含羞草喜阳光、九重葛只要适度浇水就能活……每种植物因为先天的品种不一样，栽种的方式也不相同，你只能顺势而为，不能将自己的爱好或习惯强行加诸在它身上。但不论照顾什么植物，都要花心血；常常偷懒、不肯用心，再好养的植物，都会在主人长期忽略下枯萎。如果，你是一个无暇照顾植物的人，最好不要奢望亲手从花市选回来的植物，能陪你四季常青。

若你只是稍微懒一点，但不至于完全没有时间，适合你的植物应该是类似仙人掌、九重葛之类的，每隔几天略施小惠地浇水就可以活下来。假使你一心一意要开出满园缤纷的玫瑰，必须先有心理准备：浇水、修剪、施肥、让它能照到适度的阳光……都得按部就班来，不可偷工减料。

懒人中想要种玫瑰，却每天抱怨玫瑰不开花。不用算命也知道他们八字不合，天天有得吵。

另一种极端例子，是由勤劳而小心翼翼的人，犯下的另一种错误。韩晓娜出国旅行，夹带一盒DIY栽种的仙人掌回来，说明书的图片上示意，长大后的仙人掌会开出一朵很漂亮的花。韩晓娜每天都细心地照顾仙人掌，期待它赶快开花。没想到，被韩晓娜日夜浇水后的仙人掌，不出一个星期，茎部就因为水分太多而溃烂。

这个生活中的实例，就像是太细致的人，偏偏找了个粗枝大叶的对象，本来还有机会因为个性互补成为美满的一对，但若其中一方硬要把自己的特质强加在对方身上，最后爱情就会默默地死亡。

两个人一起久了，女的会越来越爱男的，男的越来越随便。男的会说女老是胡思乱想，女的就说男的已经变了不像以前那么宠她。其实大家都没变，只是时间变了，因为彼此关系变亲密了，习惯对方，所以不会再像热恋那样，女的会胡思乱想，无论如何请不要对爱情偷懒，否则爱情只有伦为平淡，然后矛盾争吵，直到分手。

爱情的一见钟情

　　在恋爱的追逐游戏中，最辛苦的往往是男人。俗话说"男追女隔座山，女追男隔层沙"，也就是说，男人追求女人要比女人追求男人辛苦得多。男人看到了意中人，常常不知道该怎样向她发出爱的信号。在这一方面，最丢脸的要算鲁迅笔下的阿Q了，他对自己钟情女人的表白，事前没有做任何铺垫，就单刀直入地说"我和你困觉，我和你困觉！"然后就抢上去给对方跪下了。这种追求女人的方式，结果可想而知。因此，在生活中，很多对女孩一见钟情的男孩，因为情感切入的不当，会给女孩造成不好的印象，不说与对方恋爱，就是做普通朋友都难。

　　朱德卢是一个单身男孩，一次偶然的机会，遇见了一个朋友单位里的女孩叶丽。叶丽一头披肩的长发，大大的眼睛，是一个标准的时尚女孩。朱德卢一下子就被叶丽的魅力所倾倒，他从朋友那里要来了叶丽的电话。按照常理来说，朱德卢应该让朋友把自己引荐给叶丽，可是，朱德卢却对叶丽采取了单独行动。在他遇见叶丽不久后就是情人节，他让快递给叶丽送去一大束鲜花。这让叶丽是丈二和尚摸不着头脑，因为不知道是怎么回事，叶丽就没有签收这束花。就这样，朱德卢还是对叶丽展开了强大的追求攻势，隔三岔五地打电话发短信给叶丽，要约她出来。可是，叶丽并没有把朱德卢的追求看成一回事，反而觉得朱德卢是在恶意骚扰，甚至觉得朱德卢就是一个无赖。后来，叶丽的哥哥看到有人骚扰自己的妹妹，竟到朱德卢的单位去"兴师问罪"——朱德卢就这样被自己中意的人拒到了千里之外。

其实，朱德卢对叶丽也是真心的，在外人看来，他们很多地方到很般配，但因为表达的不当，反倒使叶丽对朱德卢产生了几分厌恶，朱德卢想"抱得美人归"，根本就是不可能的事了。

当有一个女人能让你怦然心动的时候，那么，男人该怎样去接近她，又该怎样向她发出爱的信号呢？

对于自己一见钟情的女孩，对方肯定对你了解甚少。你对他的爱慕，往往只是剃头挑子——一头热，如果你把持不住自己的那份激情，不顾对方的感受去向她表达自己内心的话，这样常常会吓坏对方，更糟糕的是对方可能把你当成色狼一个，这样，在女孩的心里，就会对你多一些戒备，在心理上会把你推得很远——你就很难让对方接纳你了。

爱情是需要耐心的，所有最唯美的爱情故事，往往不会发生在一个性急男人的身上。对待自己一见钟情的女人，更需要慢慢地靠近对方。因此，当你与一个女孩一见钟情以后，不管内心是怎样的激情澎湃，但表面上还要装着风平浪静的样子。表面上要展示出自己的成熟稳重，而在内心里要盘算着怎么去接触并俘获这个只有一面之缘的意中人。

所以说，对于自己一见钟情的女孩，要学会慢慢地靠近她，要知道"欲速则不达"的道理。当然，要是两个人都对对方一见钟情，那样的爱情犹如干柴对烈火，恋爱的幸福就会来得更快一些。

爱情也需要等待

有人会觉得，一个男人这样去追求一个女人会引来女孩同事、朋友的嘲笑。这一点可以说你不用担心。因为当你站在女孩公司或者宿舍门口的时候，在别人看来，这只是女孩的男朋友在等女朋友，具体你们的关系怎么样，外人不会了解得太清楚。再说，要是你真正爱这个女人，就是丢一些面子又何妨呢？当女孩的同事经常看到你在等她，他们还会给你们的情感发展起推动作用。因为他们通常会在女孩面前说这样的话："瞧，你的白马王子又来了。""你真幸福，总会有护花使者。"……这样的语言会使女孩心里产生幸福感，情感的壁垒就会因此产生松动。所以说，对于一个拒绝你的女孩，"等待"是一个最有效果的追求方式。

当然，在等待女孩的过程中，不要对女孩死缠烂打，要做到彬彬有礼，时时表现出自己的成熟稳重，任何带有挑逗性的语言，对追一个女孩来说毫无益处，如果女孩因此把你看成一个无赖，那么你无论怎么等待，女孩也不会对你动心的。

青梅竹马或一见钟情的男女毕竟少数，更多美满的婚姻来自于第三方的撮合。中国"红娘"最拿手的本事，就是把两个本不熟悉的成年男女牵到一起共渡终身。男女要是能一见钟情，红娘成就一个美满的姻缘自然就会容易得多，如果他们对对方都没有兴趣，那处理起来也很简单，可是，最"麻烦"的就是一方满意，一方不满意。按理说，恋爱要的是两个人的情投意合，不能一厢情愿。但是爱情的"合作"与其他的合作不同，当红娘把两个人牵扯到一起的时候，两方的满意与不满意，往往都是凭借短暂的相处所得出的结果，有的甚至只凭一面的印象。因此，对对方满意的一方就希望通过交往来获得对方的心，这就变成了爱情的追求——这样的爱情追求，可以避免双方因为不了解而错失美好的姻缘。因此，对自己意中人的不懈追求，不管对方是多么冰冷，很少有人嘲笑一个人在这方面的固执。很多美满的婚姻，往往都是成就于开始的这种满意与不满意之间。

在这里，我们不多谈两心相悦的男女间那种爱情的追逐，因为这期间的爱情追求，往往是两个人为给自己多一些爱情的浪漫经历，或者是一方对另一方最后的考验。而男女双方在中意与不中意间的追求，他们不是为了浪漫和考验，而是要彻底"俘获"对方的心。

面对不是很熟识的男人的追求，更多的女孩对追求者的态度，常常是不冷不热的，这似乎是女子面对所有追求者的共性。这其中最难"俘获"的就是男人对她有很大的热情，而她对对方似乎很不感兴趣，甚至坚决地拒绝了。记住，男人看到一个自己中意的女人时，在她没有男朋友之前，不要相信她对你的任何拒绝。你要做的，就是死心塌地地去追求她。追求女孩浅尝辄止的男人往往都是爱情的失败者，他们很难娶到自己中意的女子。

男人在追一个女人，要得到的目的，往往就是需要自己的意中人接纳他，并对自己也专心专意。对于一对相识不久的男女，他们在心理上很难贴近。特别是女孩，她很难对一个以前不太熟悉的男人的求爱作出及时的回应。因此，男人追求时常常显得很辛苦。在男人向自己所爱的人发动爱情攻势的时候，他们会为此多跑很多路，会吃很多女孩的闭门羹，有时还会引来女孩周围人的打趣与嘲笑……男人们得到自己心爱的女人时，往往要经历很长时间。

道理很简单，当一个男人天天出现在女孩的视野里，她就很容易记住你，而且女孩也知道，在这个男人的内心，想的都是对自己的爱，女人见到男人一次，她的这种印象就在脑海里加深一次。最后，在她一想到"男朋友"这个字眼的时候，她就会想到追求她的那个男人的名字和面孔——她不接纳这个的男人还会接纳谁？因此，在追求一个女孩的时候，就要对她多一些默默地等候，在潜移默化中使女孩的心对你解冻。

第六章

爱情离你并不远

爱情的天堂与地狱

爱情是天堂也是地狱。当能够"执子之手，与子偕老"的时候，有的人就好像进入了天堂；当两个人缘分尽失，分道扬镳的时候，有的人就犹如进入了地狱。爱情中的聚散，可以给人带来快乐，同样，它更会给人带来伤痛，很多人会被爱情的伤痛永远地拖累。

在女作家张洁的《祖母绿》中，曾令儿的爱创造了特定历史时代生命的奇迹，治愈了命运对她的戳伤和残害。女性之爱在这里是全心全意的投入，是高度的忘我，是无条件地付出而不求回报，是无畏的牺牲，是勇敢的护卫，是慷慨的恩慈，是宏大的包容，是恒久的忍耐。仿佛受到了圣母般宗教情绪的招引，曾令儿的无穷恩爱使她的一生显示出超凡的人格力量。

这是一个弱女子拼出全力替一个男子遮风挡雨，因而把自己打入人间地狱的故事，讲述的是为爱情奉献和牺牲的痴心女子与负心汉的古老文学主题。

虽然曾令儿实际上像一株在狂风暴雨中可以为政治肆意揉搓的小草，明明知道那样的挺身而出意味着对个人政治前途、功名事业、平等自由和女性尊严的彻底葬送，却义无反顾，怀着超凡入圣的快乐，自觉

承担本该落在左葳头上的右派罪名。左葳自然是无辜的，但是在人性上又是懦弱、自私和薄情的，使得曾令儿无畏的牺牲、勇敢的护卫和慷慨的恩慈所换得的竟是一场爱情的暴死。她却以宏大的包容面对这情感的变异，不希望看到挣扎在道德自我完善中的左葳用生命的谎言对她掩饰真实，便用一个夜晚走完了一个妇人的一生，在彻底完成了和永诀了与左葳的爱之后，又带着他们爱情的种子坦坦然然地走向劳改的人间地狱。执着的仅仅是属于自己的那份爱，却把重新选择生活的自由与权力全都交给了左葳。在非人的生活境遇里，她身兼着男人与女人，母亲与父亲的双重角色，独自承受着非婚生育所招致的种种困难，经历了肉体与精神的惨痛折磨。没有怨愤，没有逃遁。20年边陲忍辱负重的炼狱，她凭借爱焕发出的惊人的创造力与治疗力战胜了灾难。尽管命运给予她一次次诸如历尽艰辛养大了爱子又被死神夺去那样残酷的打击，却始终没有冻僵和改变她那颗无穷思爱的心。乃至20年后，当左葳的夫人卢比河向她抱怨"我们多年来，争夺着同一个男人的爱，英勇地为他做出一切牺牲，到头来，发现那并不值得"时，曾令儿的回答竟是："别这样说，你爱，那就谈不到是牺牲。"

的确，无穷思爱像曾令儿，像她的一生，也像许许多多女人。只有女性才可能有曾令儿般的无穷恩爱，因而使人间平添了那么多从古到今久盛不衰的痴心女子负心汉的故事。抛开造成曾令儿厄运的特定历史政治背景，仅仅从人性的角度，我们可以从曾令儿身上领悟到一些关于女性之爱的真谛。

由于男女两性的文化职责不同，又因其生理与心理上的巨大差异，他们的爱，特别是情爱的意义是不同的。拜伦说："男人的爱情是男人的生命的一部分，是女人生命整个的存在"；尼采说："女人对爱情的意义了解很清楚、它不仅需要忠心，而且要求整个身体和灵魂的奉献，没有保留，没有对其他事物的顾虑"；西蒙·波娃说：男人没有一个可以被称为"伟大的情人"，因为"在他们生命之中，在他们的内心还停留在自我中心的状态；他爱的女人仅是有价值的东西之一；他们希望女人整个活在他们的生命中，但是并不希望为她而浪费自己的生命。对女人而言，正好相反，去爱一个人就是完全抛弃其他一切只为她爱人的利益存在。"这些看法表达的是私人经验，也具有人类的意义。

在现实中，很多人经不起爱情的失败。生活中有许多人只注意在恋爱阶段培植爱情之花，婚后有一种"船到码头车到站"的想法。没有人认识到爱情是需要不断更新的，"月亮不能代表你的心"。你爱着对方，甚至比以前更深，那你千万不要吝啬你的唇舌，就像歌词中写道的一样：爱了就别伪装……大声说出我爱的就是你！"爱别人，一定说出来才算数。"这是阿宝的经验之谈。阿宝说，以前他老婆总问，你爱我吗，他听多了就烦。他想，不爱你能和你结婚吗？后来他发现自己错了，他发现女人对听到我爱你三字时是如此的开心。

总会有人真的爱你

很多人对爱情非常投入，当他得到所爱的时候，他就觉得自己得到了整个世界；当他失去自己所爱的时候，他又觉得自己失去了整个世界——他会感觉到世界不再会有人对他付出真爱。

其实，爱情的得失，自己所面对的也就只是哪一个人。自己对对方没了感觉，并不是天下不再有好男人或好女人。

同样，被负心人抛弃，也只是哪一个人对你的否定，在芸芸众生中，在某个角落里肯定还会有人在偷偷地爱慕你，只是你暂时没有遇见他而已。因此，要相信自己的价值，用积极的心态去找到能珍藏你情感的人。

从前，有一座圆音寺，每天都有许多人上香拜佛，香火很旺。在圆音寺庙前的横梁上有个蜘蛛结了张网，由于每天都受到香火和虔诚的祭拜的熏托，蛛蛛便有了佛性。经过了一千多年的修炼，蛛蛛佛性增加了不少。

忽然有一天，佛祖光临了圆音寺，看见这里香火甚旺，十分高兴。离开寺庙的时候，不轻易间抬头，看见了横梁上的蜘蛛。佛主停下来，问这只蜘蛛："你我相见总算是有缘，我来问你个问题，看你修炼了这一千多年来，有什么真知灼见？"蜘蛛遇见佛祖很是高兴，连忙答应了。佛祖问道："世间什么才是最珍贵的？"蜘蛛想了想，回答道："世间最珍贵的是'得不到'和'已失去'。"佛祖点了点头，离开了。

就这样又过了一千年的光景，蜘蛛依旧在圆音寺的横梁上修炼，它的佛性大增。一日，佛祖又来到寺前，对蜘蛛说道："你可还好，一千年前的那个问题，你可有什么更深的认识吗？"蜘蛛说："我觉得世间最珍贵的是'得不到'和'已失去'。"佛祖说："你再好好想想，我会再来找你的。"

又过了一千年，有一天，刮起了大风，风将一滴甘露吹到了蜘蛛网上。蜘蛛望着甘露，见它晶莹透亮，很漂亮，顿生喜爱之意。蜘蛛每天看着甘露很开心，它觉得这是三千年来最开心的几天。突然，有刮起了一阵大风，将甘露吹走了。蜘蛛一下子觉得失去了什么，感到很寂寞和难过。这时佛祖又来了，问蜘蛛："蜘蛛这一千年，你可好好想过这个问题：世间什么才是最珍贵的？"蜘蛛想到了甘露，对佛主说："世间最珍贵的是'得不到'和'已失去'。"佛主说："好，既然你有这样的认识，我让你到人间走一朝吧。"

就这样，蜘蛛投胎到了一个官宦家庭，成了一个富家小姐，父母为她取了个名字叫蛛儿。一晃，蛛儿到了十六岁了，已经成了个婀娜多姿的少女，长得十分漂亮，楚楚动人。

这一日，新科状元郎甘鹿中士，皇帝决定在后花园为他举行庆功宴席。来了许多妙龄少女，包括蛛儿，还有皇帝的小公主长风公主。状元

郎在席间表演诗词歌赋，大献才艺，在场的少女无一不被他折倒。但蛛儿一点也不紧张和吃醋，因为她知道，这是佛祖赐予她的姻缘。

过了些日子，说来很巧，蛛儿陪同母亲上香拜佛的时候，正好甘鹿也陪同母亲而来。上完香拜过佛，二位长者在一边说上了话。蛛儿和甘鹿便来到走廊上聊天，蛛儿很开心，终于可以和喜欢的人在一起了，但是甘鹿并没有表现出对她的喜爱。蛛儿对甘鹿说："你难道不曾记得十六年前，圆音寺的蜘蛛网上的事情了吗？"甘鹿很诧异，说："蛛儿姑娘，你漂亮，也很讨人喜欢，但你想象力未免丰富了一点吧。"说罢，和母亲离开了。

蛛儿回到家，心想，佛祖既然安排了这场姻缘，为何不让他记得那件事，甘鹿为何对我没有一点的感觉？

几天后，皇帝下诏，命新科状元甘鹿和长风公主完婚；蛛儿和太子芝草完婚。这一消息对蛛儿如同晴空霹雳，她怎么也想不同，佛祖竟然这样对她。几日来，她不吃不喝，穷究急思，灵魂就将出壳，生命危在旦夕。太子芝草知道了，急忙赶来，扑倒在床边，对奄奄一息的蛛儿说道："那日，在后花园众姑娘中，我对你一见钟情，我苦求父皇，他才答应。如果你死了，那么我也就不活了。"说着就拿起了宝剑准备自刎。

就在这时，佛祖来了，他对快要出壳的蛛儿灵魂说："蜘蛛，你可曾想过，甘露（甘鹿）是由谁带到你这里来的呢？是风（长风公主）带来的，最后也是风将它带走的。甘鹿是属于长风公主的，他对你不过是生命中的一段插曲。而太子芝草是当年圆音寺门前的一棵小草，他看了你三千年，爱慕了你三千年，但你却从没有低下头看过它。蜘蛛，我再来问你，世间什么才是最珍贵的？"蜘蛛听了这些真相之后，好像一下子大彻大悟了，她对佛祖说："世间最珍贵的不是'得不到'和'已失去'，而是现在能把握的幸福。"刚说完，佛祖就离开了，蛛儿的灵魂也回位了，睁开眼睛，看到正要自刎的太子芝草，她马上打落宝剑，和太子深深的拥抱着……

你能领会蛛儿最后一刻的所说的话吗？"世间最珍贵的不是'得不到'和'已失去'，而是现在能把握的幸福。"所以要记得从现在开始，要把握、要珍惜身边所有的人、事、物。学习活在当下，毕竟逝去的东西，没有几个人可以要的回来。毕竟谁都没有义务去等待，错过了这一次，也许就错过了一辈子……

也许她是对的。人不应该为那些已经失去的东西惋惜、留恋、甚至挽回，千万不要这样，就让那份"过去"作为一个美好的回忆留在记忆深处吧！

对于爱，很多人都不会有太多的经验，任性和想象往往会给爱情造成灾难。这正如一位爱情专家所说："爱情像一个洋葱头，一片片剥下去；总有让你流泪的时候，爱情是感冒，被爱情病毒感染的人，即瞒不了自己，也瞒不了别人。"

为了寻找心中的最佳人选，有些人虽然早已过了婚嫁年龄，但却迟迟不愿步入围城，引用他们的话就是："如果我现在结了婚，我怎么知道将来还会不会有更好的对象出现？"

不可否认，结了婚以后，肯定会有更好的人出现。江山代有才人

出，因为时代的进步，眼光的增长，相处的熟悉而感到伴侣不进反退，进而发现更好的后起之秀，使人兴起"恨不逢未娶未嫁时"之叹。其实，这是必然的结果。

但如果，你因为怕后悔，而不愿去结婚，只好反复地等待、发现、担心、放弃……白白浪费时间而忽略了一个可怕的事实——新发现的对象愈来愈好，自己的条件愈来愈差，年龄愈来愈大。所以，我们在选择自己意中人的时候，首先应当看一看你们两个人的差距有多大，很多地方是否般配。其次，有差距的话，要看看哪些差距你可以减小，哪些障碍可以消除。

曾有一个故事说的是有一个人浪迹天涯，坚持要找一个最完美的人结婚。终于，皇天不负苦心人，他找到了。可是，他仍然没能结成婚。因为，那个最完美的人告诉他，她也正在寻找自己心目中最完美的人！

"人无完人，金无足赤"。世上的男人与女人总是有着各种缺点的，比如，漂亮英俊的可能学历低；学历高的也许长相不如人意；收入高、懂得浪漫的或许花心；老老实实、可以让人放心的又不会来事……

其实在爱情问题上，男人比女人更清醒，他们会把感情问题放在合理的位置，而女人很容易把感情当成生活的全部。当爱情快车出了故障，到了两个人不得不分手的时候，不理性的往往是女人。其实，人是需要经历一个恋爱的过程的，毕竟爱情的果实，就是在爱的摸索中开花结果的。

一般来说，适合自己的就是最好的，在攀比中寻求自己的另一半，犹如按照他人的体型替自己裁剪衣裳，穿在身上难免会不合适。正如托·布朗说的那样："看中了就不应太挑剔，因为爱情不是在放大镜下做成的。"恋爱过程又是一个改变和接受对方的过程，这会使婚后两个人生活更默契。

不要苛责你的爱情

在中国的古代，最经不起爱情失败打击的要算是女子。要是她不幸被男人抛弃，她就会被讥笑为"破鞋"，没有男人会娶她；要是她不幸死了男人，更会被人们认为是"扫帚星"，有克夫的命，爱情同样会遭遇彻底的失败。古代的人们对爱情专一的要求显得很偏激，他们只对女人做这种苛刻的要求，而男人则可以妻妾成群。不幸的是，封建社会的这些爱情观念，在现代多多少少还有些残存，或只有丝微的进化。不难看出，对于爱情，现在的男男女女把能"从一而终"看成是自己的吉祥，这不仅仅是期望人生少磨难，其中更大的原因就是不想自己变成一个不祥的人。对于一个爱情失败的人，现代人的反应没有古代人那么强烈，这是因为人们思想的进步，但是，很多人还会对他们有所偏见。例如，新人结婚时人们就很忌讳离过婚的人，中国很多地方有不要他们在婚期帮忙的习惯，这就像不让祥林嫂碰主人的祭器一样。因为中国人讲"彩头"，他们不希望"彩头"不好。但这就从一个侧面反映出人们对婚姻失败者的偏见或是歧视。

我们都知道，西施是春秋时越国有名的美女。相传越王勾践采纳谋臣范蠡的计策，将西施献于吴王夫差，致使夫差因而荒淫误国，西施的名声自此流传开来，成为后世"美女"的代称。

"情人眼里出西施"，如果把这句话转换为心理学术语，那就是在爱情状态中，人们的知觉被歪曲，直至被严重歪曲。在人们的知觉过程中，不可避免地受心理定式的影响，所以，你眼中的世界本来就不是一个完全真实而客观的世界，这还是你在意识清醒的时候。而恋爱中的人们，情感高度投入，他眼中的世界实际上是他想看到的世界，而不是真实的世界。他，当然希望她是白雪公主；她，当然也企盼他是白马王子。既然你这么想，在你眼中也就真的如此了。于是，"情人眼里出西施"也就是显得自然而然了。

有这样一个经典的故事，这个故事说的是：伊丽莎白·芭莉特是19世纪40年代英国伦敦的一名著名女诗人。她的诗作使许多人感动，也有许多人慕名求见。

而芭莉特却是个终年卧床不起的瘫痪病人，她身躯娇小，瘦得皮包骨头。因此她把自己关在家里以避开那些倾心追求她的人。故而到了40岁，她还是个老姑娘，可一位青年诗人罗伯特·白朗宁用爱情的钥匙，打开了这位女诗人的心灵之锁。白朗宁知道她比自己大6岁，仍深爱着她，爱她写的诗，爱她的灵魂。在经过几个月信来信往的倾心交谈后，两人终于见了面，见面的那一天，白朗宁就说："你真美，比我想象的美多了！"为什么在一般人眼里并不漂亮的芭莉特，在白朗宁眼里却是美极了。这就是所谓的"情人眼里出西施"。从心理学角度来看，则是白朗宁对芭莉特产生了晕轮效应。那么，什么是晕轮效应呢？

"晕轮效应"是指人们看问题时，对象的某个特点、品质特别突出

就会掩盖我们对对象的其他品质和特点的正确了解，被突出的这一点起了类似晕轮（月亮周围有时出现的朦胧圆圈）的作用，导致观察失误，产生错觉。

晕轮效应一般产生在不熟悉的人之间或者伴随有严重情感倾向的人之间，最能产生晕轮效应的是外表，外表的美丽往往容易留下美好的第一印象。另外，一个人的气质、性格、能力、才智以及家庭背景、个人修养都会产生晕轮效应。但是，无论您是什么样的人，一个粗俗的举止，就会破坏您的全部好印象，而一个美好的举动则可使您倍增光辉。而白朗宁正是因为喜爱芭莉特的才华和心灵，自然而然的觉得她的一切都是美好的，当然也包括她的容貌。

但是，在认识结交朋友时，孤立地以貌取人、以才取人、以德取人、以某一言行取人，以某一长处或短处取人，都属晕轮效应，并且是不正确的知觉。

人与人之间的接触总是有限的。人们只能用点滴的了解来全面地概括您，所以尽量使您首先暴露出来的特质闪光，这样可以增强晕轮效应，强化您的好印象。如果认知对象被标明是"好"的，他应会被"好"的光圈笼罩着，并被赋予一切好的品质；如果认知对象被标明是"坏"的，他就会被"坏"的光圈笼罩着，他所有的品质都会被认为是坏的。晕轮效应在爱情和偶像崇拜中最明显。

总之，情感的高度投入，加上晕轮效应的存在，直接衍生"当局者迷"，进而导致了"情人眼里出西施"现象的产生。

正如翻译巨匠傅雷所说的那样："对终身伴侣的要求，正如对人生一切的要求一样不能太苛。"幸福婚姻一定来自于我们每个人正确的定位和慎重的选择。所以，不要挑三拒四，不要期待"最佳人选"，遇上自己喜欢的人，就果断地做唯一不二的选择吧！尽管他和别人相比不一定是最好的，但是，他是最适合你的，他是你不小心弄丢的那块拼图，有了他，你的生命才完整。

结婚与恋爱永远是两回事，就如苹果与香蕉，粗心的人把它们统统归为一类——水果，而真正对自己负责的人知道苹果就是苹果，温补润肺；香蕉就是香蕉，清肠排毒。你必须清楚知道自己要什么，而不是说我只是想吃一个水果，什么都行。

爱情不分高低

　　谁都希望自己一下子找到自己的真爱，并与其白头偕老。然而，世事无常，你所选择的可能只是你生命中匆匆的一个过客，在爱情的专列上，对方不会陪你走到终点站，就会提前下车。这就像一位爱情专家所说："人生有好多时候，有好多的人都曾走不出自己的情感和执着的幻想。但是有些东西真的不能勉强，我也看到有很多人在这个时候，拼了生命争取来的婚姻，多年之后运行的轨迹仍回到了起点。"

　　在爱情心理学中，有这样一个定律叫作"路径依赖"原理，这个原理通常是说，人们在做了某种选择之后，惯性的力量会使自我不断强化这一选择，并让自己不能轻易走出去。

　　第一个明确提出"路径依赖"理论的是美国经济学家道格拉斯·诺思。他由于用"路径依赖"理论成功地阐释了经济制度的演进规律，从而获得了1993年的诺贝尔经济学奖。

　　诺思认为，"路径依赖"类似于物理学中的惯性，事物一旦进入某一路径，就可能对这种路径产生依赖。这是因为，经济生活与物理世界一样，存在着报酬递增和自我强化的机制。这种机制使人们一旦选择走上某一路径，就会在以后的发展中得到不断的自我强化。

在现实生活中，"路径依赖"现象无处不在，曾经有一个著名的例子：现代铁路两条铁轨之间的标准距离是四英尺又八点五英寸，为什么采用这个标准呢？原来，早期的铁路是由建电车的人所设计的，而四英尺又八点五英寸正是电车所用的轮距标准。而电车的标准因为最先造电车的人以前是造马车的，所以沿用的是马车的轮距标准。马车的标准是因为古罗马人军队战车的宽度就是四英尺又八点五英寸。罗马人为什么以四英尺又八点五英寸为战车的轮距宽度呢？原因很简单，这是牵引一辆战车的两匹马屁股的宽度。

有趣的是，美国航天飞机燃料箱的两旁有两个火箭推进器，因为这些推进器造好之后要用火车运送，路上又要通过一些隧道，而这些隧道的宽度只比火车轨道宽一点，因此火箭助推器的宽度由铁轨的宽度所决定。所以，今天世界上最先进的运输系统的设计，在两千年前便由两匹马的屁股宽度决定了！

人们关于习惯的一切理论都可以用"路径依赖"来解释。它告诉我们，要想路径依赖的负面效应不发生，那么在最开始的时候就要找准一个正确的方向。在婚姻生活中，用路径依赖原理来选择和经营婚姻对我们来说一样受用。

张婧在大学的时候有一个很要好的女同学叫吕瑜，回想起当年两个人的同窗生活，张婧不禁感慨良多。那时候，她和吕瑜住上下铺，经常一起聊天、侃人生。花样年华的两个人都对未来充满了期待。但吕瑜的一段错误的恋情却让她与张婧的人生有了天壤之别。

张婧怎么也没有想到，吕瑜会结交一位大她十三岁的男朋友。而

且，那个"大男人"既没有出众的外表，也没有较高的文化修养，只是一个普通得不能再普通的海边渔民。

其实，像张婧她们这种旅游管理系的女生，总是很"抢手"的。但吕瑜却不听别人劝阻，固执的相信一见钟情的感觉，认为真爱来了。更让张婧想不到的是，吕瑜还不理智的做出傻事：大学还没毕业就不小心怀上了那个男人的孩子，甚至不顾家人的反对，悄悄地和他领了结婚证，连最基本的结婚照和一个简单的婚礼都没办过，就这样黯然的消失在同学们的世界里。

就在前不久，张婧终于再次得到了关于吕瑜的消息：她婚后生了一个女儿，和丈夫的生活一直很困难，她为这个家庭付出了太多太多，但终究没能改变命运的走向——丈夫在外面有了别的女人，她无法原谅，于是离婚了。女儿由婆婆来照顾，吕瑜只身回到大连，在酒店里打工，每天都在深深地想念着女儿。

对于那些即将步入婚姻殿堂的人来说，婚姻就像一场唯一的赌注，一招不慎，满盘皆输。为了规避风险，那么我们在选择结婚对象时，总是要进行周密的计算与考虑。而且为了使婚姻的性价比达到最高，就要在经营婚姻的过程中有一个成功可取的路径或者说成是标准，然后从此按照这个路径标准去经营自己的婚姻。

想想看，当你和你的伴侣生活在一起，却同床异梦，甚至为了各自的利益而不惜牺牲对方的利益，互相算计，所做的一切从未顾及对方的感受，最后成了一种彻彻底底地互相伤害，直到遍体鳞伤、体无完肤，以往不正常的表面平衡被彻底打破时，婚姻破裂可能就在瞬间爆发。所以当我们要决定走进婚姻殿堂时，要始终如一地给自己制定一个成熟的择偶目标。我们要对自己选择的爱人的品行、家庭都有一个详细且理智的认识，对自己以后的婚姻生活有个现实合理的规划，然后按部就班地按照这个规划好的路径去走，这样才能找到真正适合自己的婚姻。

当我们选择好对象后，要细心呵护刚刚开始的婚姻生活，找出一条夫妻相处的和谐之道。当找到这条和谐之道时，要持之以恒地坚持下去，这样你的婚姻才会走得更好，走得更远。

婚姻是人生的第二次投胎。一个人选择婚姻，也就等于选择了自己的整个后半生。所以，为了后半生的幸福，婚姻不仅要慎重选择，也要合理经营。如果懂得善于利用"路径依赖"原理来经营婚姻，从一开始就要找出一条和谐融洽的路径，然后按照一定的标尺和模式一路经营下去，就会轻松地收获幸福。

所以说，在结婚之前，你一定要认识到：恋爱是浪漫的，而婚姻是现实的。你必须有勇气面对现实生活里的各种问题。理解了"相爱容易相处难"的生活哲学之后，才能走进婚姻的殿堂。在结婚以后，双方要互相理解和体贴，不要强迫别人按照自己的意愿行事。一个人不管他有怎样的过去，在爱情的起跑线上，没有三六九等之分。从失恋的痛苦到重整旗鼓，开创美好的爱情需要一个过程，这个过程就是需要善于在失恋后自我调节，这样才不至于有一个自卑的心理，影响自己婚姻的幸福。

爱情没有最佳人选

古往今来，人们歌颂爱情，把爱情看得那么神圣。但爱情其实最庸俗不过，相当于招投标，人人心中有个标的，不便透露，美其名曰：最佳人选。

生活中我们常会有这样的发现，一些在各方面都表现优秀、近似于完美的人，在人际交往中往往不太讨人喜欢；相反那些虽然很优秀，偶尔犯点小错误的人却深受人们的喜欢。这究竟是为什么呢？这种现象在心理学上被称为"犯错误效应"或"白璧微瑕效应"，即小小的错误反而会使有才能者的人际吸引力提高，白璧微瑕比洁白无瑕更令人喜爱。

社会心理学家伦森设计了这样一个实验：在一个竞争激烈的演讲会上，有四位选手，两位才能出众，几乎不相上下；另外两位才能平庸。才能出众的选手中有一位不小心打翻了桌上的咖啡，而才能平庸的选择手中也有一位打翻了咖啡。实验结果表明：才能出众而犯了小错误的人被视为最有吸引力；才能出众而未犯错误的人吸引力居第二位；才能平庸而犯错误的人最缺乏吸引力。

心理学上对犯错误效应提出了两种解释。通常情况下，人们都喜欢结识一些品行能力都很优秀的人，但是他们表现得过于完美，又会给人一种不真实的感觉，会让人敬而远之；另一种解释是：人们都喜欢有才能的人，才能与被喜欢程度是成正比例关系的。但是人们都喜欢充当鲜花，招别人当绿叶来陪衬自己，如果那人过于完美，会抢了自己的风头，显示自己的卑微。相反，一个犯小错误的能力出众者降低了这种压力，缩小了双方的心理距离，保护他人的自尊，因而也赢得了更多人的喜爱。

"犯错误效应"并不是说一个人犯的错误越多，越能增加魅力。"犯错误效应"的产生是有条件的。犯错误者应该是那些具有非凡才能的人，而且是偶然地犯一些无伤大雅的小错误；如果是能力平庸的人犯错误，反而会让人更加厌恶。另外，"犯错误效应"的产生也存在一定的性别差别。研究表明，男性喜欢犯过错误但能力非凡的女性，女性喜欢没有犯过错误但能力非凡的人，而不考虑对方是男性还是女性。

因此，在我们爱恋过程中，我们若想让别人更加喜欢自己，就不要苛求完美无缺。我们在修炼自身能力、努力成为一个强者的同时，偶尔犯下一些可以被人谅解的小错误，不仅容易让身边人产生亲近之感，进而为自己赢得好的爱情果实。毕竟在追求中我们会碰到不同性格的女孩，遇到的问题也不一样，但问题总会有解决的办法，其中学会耐心地守候，是能获得女孩芳心的有效办法之一。

当你出现在女孩面前的时候，她会凭着直觉来决定他是否与你交往，很多女孩一旦否定了对方，就会不想再与这个男人纠缠下去。因此，她会彻底地拒绝与对方更深的交往，追求她的男人甚至想见她一面都难。对于这样的女人，作为男人一定要有耐心。

　　这时，男人最好的追求方式就是经常去看望她，若她谎称有事拒绝接待，就要学会耐心地等待了。女孩开始会和追求她的男人打一声招呼，随后甚至会不理睬他，更不会去接待追求她的男孩。你可以在下班后去找自己心爱的女孩，她有可能不让你进他们公司的，不让你进她宿舍。这都没关系，你可以在门口等，等她出来你完全可以大大方方地和女孩一起走。这时，女孩可能会说有事要单独走——对于她的这种拒绝，男人千万不要强求，你可以征询对方要不要你送她——这是对她的一种关照，然后就让她走开。对于一个拒绝你的女人，最好的办法就是下班后在门口等她。这样等的频率越高，就越容易击垮她内心对你封闭的堡垒。男人对自己中意的女人只要默默地等待，不需要太多的语言，因为她不接受你，任何语言都是多余的。在这期间，不管女人对你怎样冷漠，你都不要放在心上，哪怕你只跟随女孩十米远，女孩就借故逃开了；哪怕是女孩看到你就躲起来，这些都只是女孩最初的反应，你等的次数多了，女孩的心就会渐渐软了。

　　很多出现问题婚姻的当事人，不懂得婚姻需要学习，婚姻是一个创造的过程，往往把不成功仅仅归结为配偶选择不当，而不去追究自身的技艺怎样。他们一遇挫折就指责对方，甚至轻而易举地"弃旧图新"，以为换个配偶就解决问题了。殊不知，如果你自己创造婚姻幸福的艺术才能很拙劣，再好的"原材料"也会在你的手里报废。况且作为幸福婚姻"原材料"的配偶，是具有很大可塑性及合作潜力的活生生的人，如果配合得好，可收"事半功倍"之效，即使出现了失误，也容易补救或改正。

　　白头到老并不难，相亲相爱到永远却不容易做到。因为运动是绝对的，静止是相对的，世界上没有一成不变的事物，婚姻也一样。在婚姻中我们要弄清楚"我"是谁，"我"到底想要什么，"我"需要对方什么。爱情是需要经营的，无论男性还是女性，吸引对方爱自己是一种能力，是要在婚姻中不断学习，不断扩展，不断创新的。

　　事实上，幸福本身就是需要创造的。所谓创造，并不是要一味地获取财富，而更应该是共同面对困难，履行自己为夫为妻的责任，在柴米油盐酱醋茶中融入彼此的爱情，这或许才是一种真正的浪漫和幸福。

让外表为爱情加分

恋爱的时候，为了给自己加分，增添取胜的机会，大多数人都会装扮美化自己，尤其是女人每次出门总要费心思去化妆打扮一番才行。

然而，一旦结了婚，有了孩子，一些人就变得不修边幅了，男的胡子拉碴、衣冠不整；女的素面朝天、蓬头散发，双方都看着对方不顺眼。

心理学家认为，服饰是人的"第二皮肤"。体貌和修饰和装束打扮，既能增加夫妻间的生活色彩和情趣，也能增加夫妻间的情感交流和性的吸引。不少人结婚后就不注意修饰自己，这样会减弱夫妻间性的吸引力。

的确，不修边幅的人即使有一副美丽的容颜，也会黯然失色，又怎能挑动爱人的春心与青睐？所以，在日常生活中，夫妻两人虽然不必过分讲究穿着打扮，但适当的"包装"还是必不可少的。衣服保持得体整洁、经常变化一下发型和衣服的式样，让自己的外表有赏心悦目的感觉，让爱人的眼中经常有新鲜的风景，这样他就不会再觉得婚姻生活平淡无奇了，而你们之间自然也会越来越有激情。

曾有一女性在未婚前十分的美丽，凭她的姿色找了一个帅气的有才干的男人，两人如影相随，最后那从娶她为妻。结婚不久，她好吃懒做、不求上进的本性便暴露出来，不久又因怀孕生孩子丢了工作，整天衣衫不整头发蓬乱。为了给孩子喂奶方便，连胸罩也不戴，在人面前也不忌讳，撩起衣服就喂，毫不难为情。嫌麻烦更不穿丝袜和高跟鞋，而拖一双已磨得发旧的拖鞋。而她的丈夫却越来越帅，当个部门经理，不知有多少漂亮姑娘围着转。他们越发显得不相称。连周围的老大姐都为她捏着一把汗，想提醒她注意一下自己的形象，可她并不以为然，整天住在娘家抱着孩子东游西逛，好像生了孩子就可以理直气壮地糟蹋自己了。

她的丈夫心里不痛快，经常找朋友喝酒诉说，不好说她如何如何，只说她不"柔情似水"。心里烦躁之极，他已不拿自己当可爱的妻子，而只不过是儿子他娘而已，替他生养孩子罢了。

因此，做女人的不要以为结婚就意味着你进了保险箱，打扮不打扮自己都无所谓，那你就错了。要想做一个幸福女人，首先要学会打扮自己，可以说婚前打扮是为找一个好老公，婚后打扮是为了稳住自己老公的心。修饰是女人的特权，这样，你的丈夫、孩子才会以你为自豪。

俗话说"清官难断家务事"，家庭的纠纷，夫妻间的怨恨，有时是说不清道不明的。就像电视剧《牵手》那样，当年女主人公也是要才有才，要面貌有面貌，可是为了忙家务，为了照顾孩子，尤其是当经济不富裕时，她处处精打细算地过日子，不知不觉不放弃了自己的事业，变得琐琐碎碎起来。丈夫和她再也找不到共同语言，便爱上了别人。

人类之爱不完全在于实用，但求悦目，像一幅画，一曲古乐；它即

使不能管吃管用，但人们还是爱看它，欣赏它。

因此，你一定要记住："爱美之心人皆有之"，相信你的爱人更加愿意见到神采奕奕的你而不是一个蓬头垢面的你。何况，无论夫妻哪一方，都不希望对方在别人的心目中留下不好的形象。因此，注意自身形象，不但可以取悦对方，而且也是在公众场合下为对方争面子的需要。否则，就有可能影响双方的感情。

所以，即使已成为夫妻，即使已为人父母，我们也应该注意修饰打扮，使自己的外表悦目赏心，这不仅仅是美的需要，也是一种自尊自爱的表现，更是保养夫妻感情的一剂必要良方。

选择爱对的人

当你决定想要开始恋爱的时候，我们多半忘了看自己，只记得把眼光用来打量对方。对方也许真的很好，但不一定适合自己；对方也许并不完美，但难道自己就没有缺点吗？以往你们两人单独相处时，他并没有什么不自然的表现。可是最近，你却突然发觉他和你相处时变得局促不安、手足无措，说话也不那么流畅了，甚至还伴有脸红的现象。之所以会出现这种变化，不是他做了什么对不起你的事，就很可能是他对你动心了。心理学家认为，当一个人发现身边有一位"意中人"，而又没向对方表白时，往往会在对方面前不知所措，脸红耳热心跳。这是焦虑的一种反应。值得注意的是，当你发现，虽然他在你面前会有不自然的表现，但也不愿马上走开，那么，你就极可能已是他的"意中人"了。

选择一个适合自己的人来爱，双方都会活得轻松自在、爱得幸福愉快。所谓适合自己的人，绝对不会是最完美的，或条件最好的人，但却是最能分享人生远景、并且随时有行动力的人。

每个女人心里都有一个属于自己的对象，但寻找这个对象的底线是，与这个男人在一起能让你的生活幸福美好。你想过什么样的生活？什么样的男人能带你走进那样的生活，如此倒推，属于你的标准自然就

223

出来了。比如，你希望衣食无忧，对他的标准就是有钱，并且肯给你花钱；你希望生活稳定，对他的标准就是人要稳重，有养家糊口的能力；你希望他能顾家，对他的标准就是有责任感……

同样的道理，你也应该知道哪些男人适合你，更不要忘记自己对婚姻生活的规划，志同道合，不仅是挑选事业合作伙伴的条件，挑选另一半时，也必须作为考察条件之一。

如果你看重钱，就不要寻找一个侠肝义胆的爱人；如果你看重浪漫，就不要找一个不解风情的爱人；如果你喜欢寡淡的生活，就不要寻找一个追求精彩、鸿鹄千里的爱人；如果你希望自己很优秀，又有着走遍万里河山，一生都风光无限的愿望，就把目光锁定在鸿鹄之志、能力超群的优质男人身上；如果你希望自己在婚后荆钗布裙，平平淡淡，安安稳稳，就找那种老婆孩子热坑头的居家型男人。

如果你反对"没有钱的男人不能嫁"的理论，那么你就要在婚前做好心理准备——不要奢望高级化妆品、大牌时装，也别想欧洲十日游，更别想名车豪宅。

选这样的男人决定了你去一次星巴克都需要下决心，吃一次必胜客都需要咬咬牙，即使是吃一顿烤鸭都会想着从自己买鞋子的钱里克扣。

你希望过平民百姓平平淡淡的生活，且你自己有外当职业女性，内当持家好手的素质。此时，如果有一个男人疼你爱你，稀罕你，有责任感，并且有基本的养家能力，亲爱的，嫁了吧，他会让你感到幸福的。如果你还是个能够勤俭持家的女人，你们的生活会过得有声有色，说不定也会幸福得外溢。

相反，如果你的目标是追求有"质量"的生活，希望能保证每年一张高档会所的健身卡，每半年一次旅游，每季度看一次艺术展，每月一套名牌化妆品，每半月要看一次话剧或是在一流的影院看场电影，每周一次全身护理，隔三岔五添几件高品质的服装、偶尔约朋友到风景好服务好的茶舍小坐，时常要买几张限量版的CD，那嫁给一个没钱的男人你会憋屈死。你们会在不停地为了钱而吵架，不管当初有多爱，那些爱都会在大争小吵中消失殆尽。

知道自己想找什么样的，对你是否能赢得美满婚姻的意义重大。有些女人对婚姻缺乏规划，常常在热恋中头脑一热就顾此失彼，交男朋友只看重长相和物质，而不关心人品和性格，导致她们的婚姻看上去很光鲜，却是内伤不断，难以长久。

聪明的女人对待婚姻非常谨慎，她们懂得"知己知彼"才能"百战百胜"，她们清楚自己适合哪类男人，目标明确，一旦遇到就紧盯住目标不放手，不管再遇到多么优秀多么心动的异性都能把握住自己到手的幸福。也许她们选的男人不是最有钱的，不是最帅气的，不是综合素质最高的，却是最能带给她们幸福的。她们的婚姻虽然一开始带着质疑，但总是能笑到最后。

爱情就像鞋子，炫目与否，入时与滞，都是给别人看的；而合脚不合脚，舒适不舒适，却只有自己最清楚。所以，千万不要做蠢事，用一时的感觉或是世俗的虚荣去衡量自己的爱情，更不要让自己的爱情牺牲在别人品评中，抓牢适合自己的那个男人才是幸福婚姻的基础。

"弱水三千，只取一瓢饮。""百鸟在林，不如一鸟在手。"是

的，其实，伴侣有的时候就像鞋子，外观好不好，都只是给外人看的，而实际上最重要的是它是不是合脚。不合脚，不论多好也只会给自己带来痛苦。

总是，在爱情路上，我们经常会发现，他很好，但是真的不适合你。她也很好，但是你不适合她。感情就是这样，不然俗话怎么会说，修五百年相遇，修一千年共枕。

爱情需要自省

世界上没有一种生活不需要学习，婚姻永远是最难结业的课程，自省则是婚姻功课的第一章。我曾经问过一些热恋中的年轻人，问他们是否愿意接受婚姻教育方面的知识，他们大都会说，这有什么好学的，传宗接代过日子谁不懂，还用学习吗？

对于这个问题，我想起了心理学的一个名词叫"登门槛效应"，具体是指一个人一旦接受了他人的一个微不足道的要求，为了避免认知上的不协调，就必须加强学习，必须不断提高自己的认识能力，或引导他人以前后一致的印象，就有可能接受更大的要求。例如，我们期待着更多高质量的婚姻，但是即将走入婚姻家庭的成员，却是对此重大事件云山雾罩，不甚了了……他们和她们，或者是道听途说、半遮半掩地自学成才，或者是两眼一抹黑仓促上阵，或者是花拳绣腿，只知其一不知其二，更不知其三。更可怕的是，有些人自以为掌握了驭妻驭夫的婚姻秘诀，其实是以讹传讹的腐朽观念……这种婚姻的愚民政策，导致了很多惨淡经营、得过且过的低质量婚姻，也导致了很多婚姻悲剧的上演。由此可见，婚姻教育极为重要，须未雨绸缪，从尚未走进婚姻的年轻人抓起，才可事半功倍。

由此，心理学家认为，在一般情况下，人们都不愿接受较高较难的要求，因为它费时费力又难以成功，相反，人们却乐于接受较小的、较易完成的要求，在实现了较小的要求后，人们才慢慢地接受较大的要求，这就是"登门槛效应"对人的影响。明代洪自成也曾谈到这个问题，他在《菜根谭》中说："攻之恶勿太严，要思其堪受；教人之善勿太高，当使人可从。"

其实，"登门槛效应"在爱情中有着广泛的应用，如果应用得当，可以很快就让你突破爱情的瓶颈，使你们的关系更近一层。

当遇到一个自己喜欢的异性，但一直苦于不知道用什么方法接近对方，眼看着一份美好的感情就此东流去，心中充满焦虑。这时候，就建议你用一下"登门槛效应"。你可以先提一个对方会轻易接受的小要求，比如"打扰你两分钟，可以吗？"。对方觉得"只是两分钟而已，没什么的"，一般都会答应你的请求。接下来你可以忘记两分钟的承诺，打开话匣子开始聊，两分钟也就很快会变成三十分钟、一小时甚至更多。只要不是特别讨厌的人，都可以轻易地做到，没有人会毫无理由地拒绝这些小的事情，因为没有谁愿意让别人觉得自己不够友善。所以，只要获得这些信息就可以自由地与对方联络了，你们之间的关系自然也就进入了下一个阶段。

但在这样的条件下，此时你就需要记住：就算你们的关系已经很明确了，也千万不要让男人觉得他自己已经牢牢地占据你社交日程中第一的位置。你要给他的感觉是：和他约会就像去健身房或看电影一样，是你生活中再平常不过的娱乐。你要向对方做出暗示：他并没有掌控你们的关系，你的生活还是属于自己的，是独立的。

马燕和男友交往了好长一阵子了，几乎每个周日都在一起吃午饭。一次在用餐的时候，马燕的男友不停地接电话，并且对周围顾客和餐厅装饰的兴趣似乎比对她更重要。于是到了下一周，当男友打电话问马燕周末的安排时，马燕说因为一些事情周末无法和他共度了。于是，到了第三周的时候，马燕的男友为了能够顺利约会，早早预订了饭店和鲜花，还为马燕准备了礼物。

从心理学的角度来分析，你的忙碌给男友造成心理压力，他明白必须要马上行动才行。记住，喜欢他，你就要学会"登门槛效应"，但不要丧失自己的生活空间，你的生活只是被他点燃而不能由他主宰。你展现在他面前的是一个现代年轻人应有的自信和独立。